AF634765

Niko 3

Differenzierte Lesebuch

Autorinnen:
Anne Hopf
Rabea Scholz

Beratung:
Annika Barnick
Iris Herbst

Ernst Klett Verlag
Stuttgart · Leipzig · Dortmund

Inhalt

Traumhaft und fantasievoll

Der Natur auf der Spur

Bei uns und anderswo

Meine Folie: ______________________________

Das war: ☺ 😐 ☹

Meine Folie: ______________________________

Das war: ☺ 😐 ☹

Weißt du noch?

Partnerlesen

1 Lest den Text gemeinsam halblaut.

2 Bei welchen Wörtern stockt der Lesefluss? Überlegt, warum.

3 Lest die Wörter erneut, bei denen ihr gestockt habt.

4 Lest den Text erneut gemeinsam halblaut, bis ihr ihn flüssig und fehlerfrei lesen könnt.

Wann Freunde wichtig sind

Freunde sind wichtig
zum Sandburgenbauen,
Freunde sind wichtig,
wenn andre dich hauen,
Freunde sind wichtig
zum Schneckenhaussuchen,
Freunde sind wichtig
zum Essen von Kuchen.
Vormittags, abends,
im Freien, im Zimmer ...
Wann Freunde wichtig sind?
Eigentlich immer!

Georg Bydlinski

1 Welche Textstellen passen zur Überschrift? Finde sie.

2 Wann sind für euch Freundinnen und Freunde wichtig? Begründet.

Manchmal

manchmal
kriech ich
in mich hinein
und bin
ganz klein

doch irgendwann
komm ich
wieder raus
und wachse
über mich
hinaus

Claudia Höly

1 Wohin kriecht das Ich manchmal? Lies nach.

2 Wann fühlst du dich ganz klein oder ganz groß? Begründe.

Kleiner Unsinn

Wernichtrichtiglesenkann
fängtnochmalvonvornean
dennichschreibehierdieWorte
andersalsmanseuchgelehrt
sonderneinfachaneinander
dassmansienichtgleicherkennt
auchwennihrdasunsinnnennt
docheinkleinerunsinnmacht
dassmangerndarüberlacht.

Gottfried Herold

1 Schreibe die beiden letzten Verse richtig auf.

2 Was ist das Besondere an dem Gedicht? Erkläre.

Mein Haus

Die Schule ist mein Haus
Da geh ich ein und aus
Da spiel ich drin
Da lerne ich
und manchmal
manchmal
träum ich mich
weit fort aus diesem Haus

Charlotte Jugel

1 Was passiert in dem Haus? Finde passende Verben.

2 Wer könnte das Ich sein? Erklärt.

3 Warum träumt sich das Ich manchmal weit fort? Tauscht euch aus.

Das Bauchweh

Einmal habe ich Bauchweh gehabt. Das Bauchweh war das Diktat, das wir an dem Tag schreiben sollten, als ich das Bauchweh bekam. Schon am Morgen des Tages hatte ich ein leises Grummeln im Magen. Ich habe zu meiner Mutter gesagt: „Ich habe Bauchweh." Sie hat mich gefragt: „Schreibst du heute eine Arbeit?"

nach Nasrin Siege

Das Bauchweh

Einmal habe ich Bauchweh gehabt. Das Bauchweh war das Diktat, das wir an dem Tag schreiben sollten, als ich das Bauchweh bekam. Als ich morgens aufwachte, hatte ich schon ein leises Grummeln im Magen. „Ich habe Bauchweh", habe ich zu meiner Mutter gesagt. Sie hat mich gefragt: „Schreibst du eine Arbeit heute?" „Ja, aber ich hab wirklich Bauchweh!", habe ich zu meiner Mutter gesagt. Da hat sie mir eine Entschuldigung geschrieben.

nach Nasrin Siege

Das Bauchweh

Einmal hab ich Bauchweh gehabt.
Das Bauchweh war das Diktat, das wir an dem Tag,
an dem ich Bauchweh bekam, schreiben sollten.
Als ich morgens aufwachte, hatte ich schon ein leises Grummeln im Magen.
„Ich habe Bauchweh“, habe ich zu meiner Mutter gesagt.
„Schreibst du eine Arbeit heute?“, hat sie mich gefragt.
Ich kann nicht lügen, höchstens mal ein bisschen flunkern.
Aber dann kriege ich auch schon wieder Bauchweh. Also lass ich das lieber sein.
Dann schon lieber Bauchweh, weil ich irgendeine Arbeit schreibe.
„Ja, aber ich hab wirklich Bauchweh!“, habe ich zu meiner Mutter gesagt.
Da hat sie mir eine Entschuldigung geschrieben.
Ich bin nicht zur Schule gegangen. Mutter hat gesagt, dass ich lieber zu Hause bleiben soll, und sie hat mir eine Suppe gemacht und mit mir Diktat geübt.
Als ich am nächsten Morgen zur Schule gegangen bin,
hab ich kein Bauchweh mehr gehabt.
Der Lehrer war auch krank gewesen.
Er hatte auch Bauchweh gehabt.
Er sagte, er hätte was Schlechtes gegessen.
Dann hat er die Arbeit
mit uns allen nachgeschrieben,
und ich hab nur wenig Fehler gemacht.
Seitdem hab ich kein Bauchweh mehr
vor einer Arbeit.
Mutter sagt, auch Bauchweh
muss man mal haben.
Man muss nur wissen, warum.

Nasrin Siege

1 Woher kommt das Bauchweh? Lies nach.

2 Warum ist das Bauchweh am nächsten Tag weg? Erkläre.

3 Hast du schon einmal aus Angst geflunkert? Warum? Begründe.

Herr Kratochwil kommt fast zu spät

Ich bin immer pünktlich in der Schule. Auch wenn mich ein Sturm fast vom Gehsteig weht. Oder wenn es so stark regnet, dass ich auf einem Floß zur Schule fahren könnte. Wir warten auf unseren Lehrer. Denn Herr Kratochwil kommt immer – fast – zu spät.

Die Schulglocke klingelt. Die Tür fliegt auf und Herr Kratochwil stürzt in die Klasse. Wir wünschen ihm einen guten Morgen. Dann freuen wir uns auf seine Ausrede. Herr Kratochwil steigt auf einen Stuhl.

Er erzählt uns, dass seine roten Socken einfach nicht in seine Schuhe wollten. Wir müssen lachen.

Er zeigt uns ein Loch in seiner Jacke und sagt, dass er von zwei Reitern auf weißen Pferden erwischt wurde. Er holt einen abgebrochenen Pfeil aus seiner Tasche.

Herr Kratochwil ist ein guter Lehrer. Alle mögen ihn. Das Unterrichten macht ihm Spaß. Wir kommen nicht zu spät in die Schule. Denn niemand will die Ausreden von Herrn Kratochwil verpassen.

nach Heinz Janisch

Herr Kratochwil kommt fast zu spät

Ich bin immer pünktlich in der Schule. Auch wenn mich ein Sturm fast vom Gehsteig weht. Oder wenn es so stark regnet, dass ich auf einem Floß in die Schule fahren könnte. Wir warten auf unseren Lehrer. Denn Herr Kratochwil kommt immer – fast – zu spät.

Beim letzten Ton der Schulglocke fliegt die Tür auf. Er stürzt in die Klasse und ruft: „Aufstehen! Sitzen bleiben! Guten Morgen!“ Wir rufen: „Guten Morgen!“ Dann freuen wir uns auf die Ausrede. Herr Kratochwil steigt auf einen Stuhl.

„Diese roten Socken wollten einfach nicht in meine Schuhe! Das war ein Kampf!“
Er zeigt auf das Loch in seiner Jacke. „Das war ein Pfeil! Zwei Reiter auf weißen Pferden. Ich musste mich hinter einen Busch werfen. Einer hat mich doch erwischt!“ Er holt einen abgebrochenen Pfeil aus seiner Tasche.

Es kann auch vorkommen, dass Herr Kratochwil seine Tasche ausräumt und viele merkwürdige Dinge auf den Schreibtisch legt.
„Schaut euch das nur an. Das habe ich alles auf dem Weg zur Schule gefunden“, sagt er begeistert.
„Dafür brauchte ich natürlich viel Zeit.“

Herr Kratochwil ist ein guter Lehrer. Alle mögen ihn. Man kann ihm gut zuhören. Wir kommen nicht zu spät in die Schule. Schließlich will niemand die Ausreden von Herrn Kratochwil verpassen.

nach Heinz Janisch

Herr Kratochwil kommt fast zu spät

Ich bin immer pünktlich in der Schule. Auch wenn mich ein Sturm fast vom Gehsteig weht oder es so stark regnet, dass ich auf einem Floß in die Schule fahren könnte. Dann warten wir. Wir warten auf unseren Lehrer. Denn Herr Kratochwil kommt immer – fast – zu spät.

Beim letzten Ton der Schulglocke fliegt die Tür auf, er stürzt in die Klasse und ruft: „Aufstehen! Sitzen bleiben! Guten Morgen! Na also, da sind wir ja!“ Dann schaut er uns zufrieden an. Wir rufen: „Guten Morgen!“, und einer steht auf und macht die Tür zu. Dann freuen wir uns auf die Ausrede. Herr Kratochwil steigt auf einen Stuhl.

„Diese roten Socken!“, sagt er. „Könnt ihr euch das vorstellen? Wollten einfach nicht in diese Schuhe! War das ein Kampf!“ Oder er zeigt auf das Loch in seiner Jacke. „Ein Pfeil!“, ruft er aufgeregt. „Zwei Reiter auf weißen Pferden. Ohne Sattel! Ich musste mich hinter einen Busch werfen. Einer hat mich doch erwischt!“ Er holt einen abgebrochenen Pfeil aus seiner Tasche. „Was habe ich denen bloß getan?“

Es kann auch vorkommen, dass Herr Kratochwil seine Tasche ausräumt und unzählige merkwürdige Dinge auf den Schreibtisch legt. „Schaut euch das an“, sagt er begeistert. „Das habe ich alles auf dem Weg hierher gefunden! Das braucht natürlich Zeit!“

Eines Tages kam Herr Kratochwil mit einem Schwimmreifen um den Hals ins Klassenzimmer. Sein Anzug war durch und durch nass.

Das Wasser rann aus seinen Schuhen. „Das Wasser im Fluss ist heute erfrischend kühl!“, sagte er. „Was ist passiert?“, fragte ich neugierig. „Ich habe diesen Schwimmreifen gerettet!“, sagte Herr Kratochwil feierlich. „Er hatte sich in einem Baum verfangen! Nahe beim Ufer! Muss wohl der Wind gewesen sein. Ich bin hinaufgeklettert, um ihn zu holen, und bin dabei ins Wasser gefallen! Aber ich habe ihn! Hier ist er! Ist das nicht ein schönes Stück?“

Wir wissen nie so genau, was wir von Herrn Kratochwils Geschichten halten sollen. Er wohnt nur ein paar Gassen von der Schule entfernt. Ob man auf so einem kurzen Schulweg so viel erleben kann?

Einmal kam Herr Kratochwil auf Stelzen in die Schule. Mit einem langen Schal, dicken Handschuhen und einer Zipfelmütze. Wir warteten vor der Schule, weil wir einen Ausflug machen sollten. „Ganz schön kalt hier oben“, rief uns Herr Kratochwil schon von Weitem zu.

Herr Kratochwil ist ein guter Lehrer. Alle mögen ihn. Man kann ihm gut zuhören. Das Unterrichten macht ihm Spaß. Und man muss immer mit Überraschungen rechnen. Manchmal fürchten wir, dass Herr Kratochwil einmal viel zu spät kommt. Dass er den ganzen Unterricht versäumt und gar nicht mehr in der Schule auftaucht. Aber bisher hat er es noch jeden Tag geschafft. Immer in der letzten Sekunde.

Von uns kommt schon lange keiner mehr zu spät. Schließlich will niemand die Ausreden von Herrn Kratochwil versäumen.

Heinz Janisch

1 Worauf freuen sich die Schülerinnen und Schüler? Finde die Textstelle.

2 Warum mögen sie ihren Lehrer? Erzähle.

3 Welche Ausrede des Lehrers gefällt euch am besten? Begründet.

Du kannst deine Folie benutzen.

Auf Klassenfahrt – Die Abreise

1 Lies die Namen der Kinder.

Hanna Timo Pekka Tiina Mika

2 Finde die passenden Reimwörter.

Honig	Erlös
komisch	fleckig
nervös	zitronig
schrecklich	chronisch

3 Wie verändern sich die Sätze? Lies genau.

Die Sache
Die Sache mit unserem Lehrer
Die Sache mit unserem Lehrer wird komisch.
Die Sache mit unserem Lehrer wird chronisch?

nach Timo Parvela

Der Schnupfen
Der Schnupfen wird komisch.
Die Schupfnudel schmeckt.
Die Schupfnudel schmeckt chronisch.
Die Ulknudel Niko flüstert dem Schelm Hugo ins Ohr.
Die Ulknudel Niko flüstert Hugo lustige Nachrichten ins Ohr.
Die Ulknudel Niko und der Schelm Hugo spielen stille Post.

→ Lese- & Sprachförderung zur Vorentlastung & Vorbereitung auf den Text S. 16/17

Du kannst deine Folie benutzen.

4 Lies flüssig.

Brechtüte	Notrakete	Reiseproviant
Beutel	heimtückisch	Regenschirm

5 Was stimmt? Finde die Fallen und lies die Sätze richtig.

1. Wenn ich in Seenot gerate, hilft mir eine Walnussschale / Notrakete.
2. Wenn es regnet, spanne ich meinen Sonnenschirm / Regenschirm auf.
3. Im Bus wird mir oft übel. Dann brauche ich eine Kekstüte / Brechtüte.
4. In einem Euter / Beutel kann man viel tragen.
5. Für meine Klassenfahrt macht mir meine Mama einen leckeren Diamanten / Reiseproviant.

6 Wie heißt Hugos Lieblingsbär? Finde die Textstelle.

Niko und Hugo fahren auf Klassenfahrt.
Sie fahren im Bus.
Damit es den beiden nicht langweilig wird,
spielen sie stille Post.
Dann spielen Niko und Hugo „Ich packe in meinen Koffer …“
Hugo packt seinen Lieblingsbären Bärbel,
seinen Lieblingsbären Bärbel und Honig,
seinen Lieblingsbären Bärbel, Honig und eine Notrakete
und vieles mehr ein.
Was würdest du in deinen Koffer packen?
Ich packe …

Auf Klassenfahrt – Die Abreise

In der letzten Zeit war unser Lehrer ziemlich nervös.

„Die Frau vom Lehrer kriegt ein Kind, weitersagen!“, flüsterte Hanna mir zu.

Wir standen ordentlich in einer Reihe auf dem Schulhof und warteten auf den Bus, der uns zur Klassenfahrt abholen sollte.

„Das sag ich nicht weiter“, sagte ich zu Hanna. „Nachher wird nur wieder irgendwas Komisches draus.“

Stille Post ist in unserer Klasse ein Lieblingsspiel, aber das hab ich bestimmt schon erzählt.

„Was wird komisch?“, fragte Timo, der vor mir stand.

„Die Sache mit unserem Lehrer“, sagte ich vorsichtig.

„Die Sache mit unserem Lehrer wird komisch, weitersagen!“, flüsterte Timo Mika zu, der vor ihm stand.

„Die Sache mit unserem Lehrer wird chronisch“, flüsterte Mika Tiina zu.

„In der Tasche von unserem Lehrer ist Honig“, flüsterte ein paar Stationen später Tiina Pekka zu.

„Was gibt’s denn hier zu tuscheln?“, fragte der Lehrer Pekka, der als Erster ganz vorne stand.

„Darf ich mal kosten?“, fragte Pekka und zeigte auf die Reisetasche des Lehrers.

„Von der Tasche?“, wunderte sich der Lehrer. „Nein, vom Honig“, sagte Pekka.

Der Lehrer schüttelte den Kopf. Das tut er oft, wenn Pekka was sagt. Dann stellte er die Tasche auf den Boden und schaute zu seiner Frau.

„Und achtzehn“, sagte die Frau des Lehrers, die uns gerade durchgezählt hatte. Sie kam mit uns auf Klassenfahrt, obwohl sie eigentlich die Lehrerin der B ist.

„Schau dir ihren Bauch an“, flüsterte Hanna mir zu.

Hanna hatte womöglich Recht. Vielleicht bekam sie wirklich ein Kind.

„Ob er’s wohl schon weiß?“, fragte ich Hanna.

Dann mussten wir schrecklich lachen, weil wir uns sein Gesicht vorstellten, wenn er es erfuhr.

Und dann kam der Bus. Er war unheimlich groß und hoch. Der Busfahrer dafür ganz klein und dick. Als wir einstiegen, schauten Hanna und ich auf seinen Bauch und zwinkerten uns zu. Meine Mutter sagt immer, wenn man erst mal drauf achtet, sehen viele Leute schwanger aus.

„Alles startklar!“, rief die Frau des Lehrers. „Du meinst, es sind wirklich alle anwesend und sitzen brav im Bus?“, fragte der Lehrer ungläubig. „Liebling, sei doch nicht so nervös. Ich hab sie durchgezählt“, sagte seine Frau. Trotzdem zählte er uns noch mal. Und dann noch mal. „Haben alle ihr Geld dabei?“, fragte er dann, und wir zeigten es ihm. „Haben alle ihre Taschen und Beutel?“, fragte er, und wir hielten unsere Taschen und Beutel in die Luft. „Reiseproviant?“, fuhr er fort. Wir zeigten ihm unsere Brote und Limoflaschen. „Regenschirme?“ Wir zeigten sie ihm. „Pekka?“ Wir zeigten auf Pekka. „Brechtüten und Notraketen?“ Jetzt wunderten wir uns. „Liebling, jetzt beruhige dich und setz dich hin!“, bat ihn seine Frau. „Unfassbar. Das muss eine heimtückische Falle sein“, murmelte der Lehrer, als er sich auf seinen Platz setzte. „Es kann losgehen“, sagte er zu dem kleinen, dicken Busfahrer. Als der Bus losfuhr, winkten wir zum Abschied der ganzen Schule. Sogar der Reisetasche des Lehrers, die mitten auf dem Schulhof stand. „Bloß schade um den Honig“, seufzte Pekka.

Timo Parvela

1 Was passiert mit der Tasche des Lehrers? Finde die Textstelle.

2 Warum wundert sich der Lehrer über Pekkas Frage? Erzähle.

3 Warum erzählen die Schülerinnen und Schüler weiter, was Hanna geflüstert hat? Nennt Gründe.

4 Spielt das Stück mit verteilten Rollen. → S. 71
Ihr könnt euch dabei auch filmen.

→ MK Aufg. 4

Gesund und munter

Was ein Kind braucht

Ein Kind braucht seine Ruhe,
die Kleider und die Schuhe,
die Mahlzeit und den Raum,
Wiese, Wasser, Baum.

Ein Kind braucht gute Schulen
und auch mal Schlamm zum Suhlen
und oft ein gutes Wort
und Freunde hier und dort.

Ein Kind braucht sehr viel Freude
und gute Nachbarsleute,
Lust auf den nächsten Tag
und jemand, der es mag.

Irmela Brender

1. Was braucht ein Kind? Zähle auf.
2. Welche Begriffe aus dem Gedicht findest du auch im Bild? Vergleiche.
3. Vergleicht Strophe 1 und 3. Gibt es einen Unterschied zwischen den Dingen? Tauscht euch aus.

Wutsprüche

Krokodil und Krokodil,
erstens brüll ich, wann ich will!
Krokodil und Krokodiller,
zweitens brüll ich immer
schriller!
Krokodiller, Riesenzahn,
drittens fange ich erst an!
Riesenzahn und Krokodil,
nachher bin ich
wieder still.

Gerald Jatzek

1 Wie zeigt sich Wut im Gedicht „Wutsprüche“? Erkläre.

2 Überlege, wie du die Stimmung im Gedicht mit Gesten, Mimik und deiner Stimme zeigen kannst. Trage das Gedicht vor.

Glück

Kirschen essen,
hundert Kerne spucken,
Liebesbriefe
mit Kartoffeln drucken,

Suppenkraut zu
Lorbeerkränzen winden,
kunterbunte
Kieselsteine finden,

barfuß durch die
Regenpfützen laufen,
dreizehnmal am Tage
Eiskrem kaufen,

Pfeil und Herzen
auf den Gehsteig malen,
für ein Luftschloss
keine Miete zahlen,

um die Welt gehn
und zurück,
das ist Glück.

Ingrid Lissow

1 Was bedeutet Glück für euch? Tauscht euch aus.

Wähle einen Text aus.

Experimente mit unseren Sinnen

Kalt oder warm?

Du brauchst:

- eine Schüssel mit kaltem Wasser
- eine Schüssel mit lauwarmem Wasser
- eine Schüssel mit sehr warmem Wasser

Tauche vorsichtig jeweils eine Hand in das sehr warme Wasser und eine Hand in das kalte Wasser. Zähle bis 60. Anschließend tauchst du beide Hände gleichzeitig in die Schüssel mit lauwarmem Wasser.

Was schmeckst du?

Du brauchst:

- ein anderes Kind
- einen Apfel
- eine Karotte
- einen Kohlrabi
- eine Augenbinde
- eine Wäscheklammer

Schäle das Obst und Gemüse und schneide es in gleich große Würfel. Verbinde nun dem anderen Kind die Augen und klemme ihm vorsichtig die Wäscheklammer auf die Nase. Lege ihm einen der Obst- und Gemüsewürfel auf die Zunge und lass es erraten, was es isst.

Wie klingt das?

Du brauchst:
- eine Stimmgabel
- verschiedene Gegenstände

Das kennen wir ja beim Kauen: Manchmal wird es im Ohr ganz schön laut.

Schlägst du mit der Stimmgabel auf einen harten Untergrund – zum Beispiel auf einen Tisch oder eine Tür –, entstehen Schwingungen. Diese bringen die Luft in der unmittelbaren Umgebung zum Schwingen. Diese Schwingungen breiten sich in alle Richtungen des Raumes als Schall aus. Du hörst einen Ton. Gegenstände, mit denen der Ton hörbar gemacht und verstärkt werden kann, nennt man Resonanzkörper. Berührst du allerdings die Zinken der Stimmgabel, wird der Ton sofort gedämpft und bricht ab.

Du kannst unterschiedliche Gegenstände, Oberflächen und Materialien daraufhin untersuchen, ob sie als Resonanzkörper geeignet sind. Halte die Stimmgabel auch an deine Zähne. Kannst du „mit den Zähnen hören“?

---

1. Wähle einen Text aus. Betrachte die Überschriften und die Bilder.
   Worum geht es in deinem Text? Stelle Vermutungen an.
2. Finde wichtige Wörter. Erkläre deiner Gruppe das Experiment.
3. Wählt ein Experiment aus und führt es durch.
4. Stellt passende W-Fragen zum Text. → S. 31

Bildet Gruppen. Jeder liest einen Text.

Klassenfrühstück für jeden

Die Niko-Klasse bereitet mit Frau Simon ein gesundes Frühstück vor. Lotte fragt die anderen, was sie gern essen möchten. Dabei erlebt sie einige Überraschungen.

Ole mag kein Fleisch

Ole: Ich freue mich sehr auf das Klassenfrühstück. Ich esse besonders gern Brötchen mit Käse oder Gurke und Tomate. Aber keine Wurst! Ich bin nämlich Vegetarier.

Lotte: Was ist denn ein Vegetarier?

Ole: Das sind Menschen, die kein Fleisch essen. Ich möchte keine Tiere essen.

Lotte: Dann isst du auch keine Würstchen? Und kein Schnitzel?

Ole: Nein. Aber es gibt vegetarisches Schnitzel. Das wird aus Gemüse gemacht. Es gibt sogar vegetarische Würstchen, aber die schmecken mir nicht.

Rabea Scholz

Sinan darf keine Gummibärchen essen

Sinan: Ich esse zum Frühstück am liebsten Müsli mit Apfel oder Banane.

Lotte: Isst du Fleisch? Ole hat nämlich erzählt, dass er kein Fleisch isst.

Sinan: Ich esse Fleisch, aber kein Schweinefleisch. Das darf ich nicht.

Lotte: Warum denn nicht?

Sinan: Das steht im Koran. Der Koran ist sehr wichtig in meiner Religion.

Lotte: Ich verstehe. Gibt es noch etwas, das du nicht essen darfst?

Sinan: In manchen Gummibärchen stecken auch Teile vom Schwein drin.

Lotte: In Gummibärchen? Wirklich?

Sinan: Ja. Aber die gehören sowieso nicht zum gesunden Frühstück.

Rabea Scholz

Mila und Timo haben Allergien

Lotte: Das wird ganz schon kompliziert mit dem Klassenfrühstück. Dürft ihr zwei denn alles essen?

Mila: Essen schon. Aber ich sollte keine Milch trinken.

Lotte: Oje, was stimmt denn nun mit der Milch schon wieder nicht?

Mila: Ich habe eine Unverträglichkeit. Das heißt, es geht mir nicht gut, wenn ich Milch trinke.

Lotte: Ist ja blöd. Fehlt dir denn die Milch nicht?

Mila: Nein, überhaupt nicht. Ich habe mich daran gewöhnt. Außerdem gibt es ja auch Pflanzenmilch: Mandelmilch, Haselnussmilch ...

Timo: Igitt, Haselnussmilch! Willst du mich vergiften?

Lotte: Was ist denn das Problem dabei?

Timo: Ich habe eine Allergie gegen Haselnüsse. Daran kann ich sterben.

Lotte: Wirklich?

Timo: Ja. Deswegen darf ich auch keine Schokolade essen.

Mila: Aber in Schokolade sind doch nicht immer Haselnüsse.

Timo: Nein, aber oft stecken Reste von Haselnüssen in den Maschinen, mit denen die Schokolade gemacht wird. Das ist auch gefährlich.

Mila: Da hab ich ja noch mal Glück gehabt. Ich bekomme nur ein bisschen Bauchschmerzen von Milch.

Lotte: Wir finden auch für dich etwas, Mila. Und für Ole und Sinan und Timo. Es wird ein schönes Frühstück.

Rabea Scholz

---

1 Wähle einen Text aus. Welche Lebensmittel dürfen nicht gegessen werden? Lies nach.

2 Lest den Text mit verteilten Rollen. Achtet beim Lesen auf die Lautstärke und das Tempo. Ihr könnt den Text auch als Hörspiel aufnehmen.

3 Gibt es Lebensmittel, die in eurer Klasse nicht gegessen werden dürfen? Tauscht euch aus.

→ MK Aufg. 2

Voller Einsatz auf einem Bein

Gib mir fünf! Nach dem Spiel klatschen die „Astros“ die siegreichen „Angels“ ab.

Dem achtjährigen Adam fehlt ein Bein. Als er ein Jahr alt war, hatte er Krebs. Die Amputation seines linken Beines war damals seine Rettung. Trotzdem spielt Adam für die „Astros“, ein Baseball-Team in den USA. Er ist auf einem Bein oft schneller als seine Mitspieler. Manchmal mit Krücken, manchmal hüpfend auf einem Bein. Er fühlt sich durch seine Behinderung nicht benachteiligt. Einige Sportarten kann Adam zwar nicht ausüben, aber neben Baseball begeistert er sich auch für Fußball und American Football. Adams Motto lautet: Konzentriere dich auf das, was du kannst!

Voller Einsatz auf einem Bein

Wie macht Adam das bloß? Dem Achtjährigen fehlt ein Bein. Als Adam ein Jahr alt war, erkrankte er an Krebs. Die Amputation seines linken Beines war damals seine Rettung. Trotzdem ist Adam Stammspieler der „Astros“, einem Baseball-Team in den USA. Adam ist auf einem Bein oft schneller als seine Mitspieler. Der Junge hechtet zum Ball, schwingt den Schläger und kämpft um jeden Punkt. Manchmal mit Krücken, manchmal hüpfend auf dem rechten Bein. Adam fühlt sich durch seine Behinderung nicht benachteiligt. „Ich bin ein ganz normaler Junge“, sagt er. „Ich mache viele Dinge eben nur ein bisschen anders als andere.“ Sportarten wie Inlineskaten oder Fahrradfahren kann Adam nicht ausüben. Aber neben seinem Hobby Baseball begeistert sich Adam für Fußball, American Football und Ringen. Adams Motto lautet: Konzentriere dich auf das, was du kannst!

Voller Einsatz auf einem Bein

Wie macht Adam das bloß? Dem Achtjährigen fehlt ein Bein. Trotzdem läuft er fast jedes Wochenende als Stammspieler der „Astros“ auf, einem Baseball-Team aus Lexington im US-Bundesstaat Kentucky. Der Junge hechtet zum Ball, schwingt den Schläger und kämpft um jeden Punkt. Manchmal mit Krücken, manchmal hüpfend auf dem rechten Bein. Er war erst ein Jahr alt, als ihm das linke Bein amputiert wurde. Adam hatte Krebs. Die Operation war damals seine einzige Chance – und seine Rettung. Mittlerweile ist er auf einem Bein oft schneller unterwegs als viele seiner Mitspieler. Eine Prothese möchte der ehrgeizige Sportler nicht tragen. „Das habe ich schon ausprobiert“, erzählt er. „Aber damit bin ich einfach zu langsam.“ Benachteiligt fühlt sich Adam durch seine Behinderung nicht. „Ich bin ein ganz normaler Junge“, sagt er. „Ich mache viele Dinge eben nur ein bisschen anders als andere.“ Hobbys wie Inlineskaten, Eislaufen oder Fahrradfahren scheiden zwar für ihn aus. Dennoch spielt Adam nicht nur erfolgreich Baseball: Als Ringer wirft er regelmäßig Gegner auf die Matte und begeistert sich noch dazu für Fußball und American Football – ganz nach seinem Motto: Konzentriere dich auf das, was du kannst!

---

1 Welcher Satz trifft nicht auf Adam zu? Finde und berichtige ihn. Schreibe in dein Heft.

Adam spielt in einem Basketball-Team.
Adam lebt in den USA.
Adam fühlt sich benachteiligt.

2 Welche Wörter verstehst du nicht? Forsche nach.

3 Wie findest du Adams Motto? Begründe.

→ MK Aufg. 2

Du kannst deine Folie benutzen.

Ein grässlicher Tag

1 Lies flüssig.

gedankenversunken — der dunkelste

mutterseelenallein — der dunkelste Keller

spinnenverseucht — der dunkelste, unheimlichste Keller

2 Hier verdecken Kleckse Buchstaben.
Finde die verborgenen Buchstaben der Wörter.
Wörter, die untereinanderstehen, haben den gleichen Anfangsbuchstaben.

m achen — _ähnen — _orkeln

_odrig — _ehen — _asten

3 Bilde aus je zwei Wörtern ein neues Wort.
Schreibe die neuen Wörter in dein Heft.

Zahn	Meister
Gesicht	Haufen
Hund	Ständer
Zeitung	Bürste
Orange	Creme
Haus	Saft

Manchmal musst du beim Lesen der neuen Wörter einen Buchstaben hinzufügen.

→ Lese- & Sprachförderung zur Vorentlastung & Vorbereitung auf den Text S. 28/29

Du kannst deine Folie benutzen.

4 Welche Wörter gehören zu Tom und welche zum Keller? Überlege.

unheimlich

Tollpatsch

verschlafen

Pechvogel

finster

Lichtschalter

allein

5 Was stimmt?
Lies und bilde sinnvolle Sätze.

Tom war ein richtiger …
Fast jeden Tag passierte ihm irgendein …
Aber dieser Tag war besonders …
Denn seine Mutter schickte ihn
in den spinnenverseuchten …
Plötzlich fiel die Kellertür hinter ihm zu
und Tom stand im …
Da hörte er ein gruseliges …

nach Cornelia Funke

… Dunkeln.

… Pechvogel.

… schlimm.

… Unglück.

… Keller.

… Geräusch.

Ein grässlicher Tag

Der Tag, an dem die ganze Sache begann, war einer dieser blöden Tage, an denen einfach alles schiefgeht.

Als Tom morgens in seine Hose steigen wollte, hatte seine liebe Schwester Knoten in die Beine gemacht. Nachdem er verschlafen ins Badezimmer getorkelt war, schmierte er sich Mamas Gesichtscreme auf die Zahnbürste.

Und in der Küche knallte er mit dem Kopf gegen die offene Schranktür. Eigentlich reichte das schon wieder für den ganzen Tag. Und dabei hatte Tom noch nicht mal gefrühstückt. Aber er hatte oft solche Tage. Solche Stolper-Stoß-nichts-klappt-Tage.

Wenigstens die anderen hatten immer was zu lachen.

„Guten Morgen“, sagte Mama.

„Was soll an dem Morgen gut sein?“, brummte Tom zurück.

Lola lehnte sich grinsend zurück und beobachtete ihn. Lola war Toms große Schwester – fast sechs Jahre älter als er und ihm hoffnungslos überlegen.

„Passt auf“, sagte sie. „Gleich passiert ihm irgendein Unglück. Heute ist wieder einer seiner Tage.“

Tom warf ihr einen finsteren Blick zu – und goss sich den Kakao über den Pullover. Schallendes Schwestergelächter.

„Oh Tom!“, seufzte Mama. „Komm, zieh dich um.“

„Tollpatsch!“, rief seine Schwester ihm hinterher.

Ja, so ein Tag war das. In der Schule ging es weiter.

Tom sorgte dafür, dass alle einen zum Schreien komischen Schultag hatten. Alle, außer ihm. Auf dem Heimweg trat er in einen Hundehaufen, lief gedankenversunken in einen Zeitungsständer – und beschloss, sich zu Hause auf der Stelle ins Bett zu legen.

An solchen Tagen war das der einzig sichere Ort auf der Welt.

Aber gerade als er stumm und leise in seinem Zimmer verschwinden wollte, passierte es.

„Tom“, sagte Mama, „hol mal schnell zwei Flaschen Orangensaft aus dem Keller.

„Muss das sein?“, fragte er.

„Komm mir bloß nicht wieder mit deinen Gespenstergeschichten!“, sagte Mama ärgerlich. „Los, ab mit dir!“

Gnadenlos. Dabei war er noch keine zehn Jahre alt.

Seufzend öffnete Tom die Wohnungstür. In dem großen Haus, in dem Tom wohnte, hatte jede Wohnung einen eigenen Keller. Aber Tom war der festen Überzeugung, dass ihr Keller der dunkelste, unheimlichste, spinnenverseuchteste war. Und er wusste auch, warum. Der Hausmeister, Egon Riesenpampel, war ein Kinderhasser. Und weil Tom und Lola die einzigen Kinder im Haus waren, hatte ihre Familie auch den allerschrecklichsten Keller bekommen. Ganz klar! Als Tom vor der staubigen Tür stand, kniff er die Lippen zusammen und rückte entschlossen seine Brille zurecht. Die Tür quietschte scheußlich, als Tom sie aufstieß. Modrig riechende Schwärze gähnte ihm entgegen. Tapfer machte er einen Schritt vorwärts und tastete nach dem Lichtschalter. Wo, zum Teufel, war das verflixte Ding? Na endlich. Da war er. Tom drehte ihn herum. Eine jämmerliche kleine Glühbirne flammte auf und – paff! – zerplatzte in tausend Splitter. Erschrocken stolperte Tom zurück – und stieß mit dem Ellbogen gegen die Kellertür. Rums!, fiel sie ins Schloss. Tom stand mutterseelenallein im pechschwarzen Keller. „Ganz ruhig!“, dachte er. „Ruhig bleiben, alter Junge. Es ist nur die blöde Glühbirne zerplatzt.“ Aber seit wann zerplatzen Glühbirnen einfach? Tom spürte, wie sein Mund trocken wie Schmirgelpapier wurde. Er wollte einen Schritt zurück machen. Aber seine Schuhe klebten an irgendwas fest. Er hörte seinen eigenen Atem. Und dann ein leises Rascheln. So als striche etwas über die alten Zeitungen, die Mama irgendwo in der Dunkelheit gestapelt hatte. „Hilfe!“, flüsterte Tom. „Oh Mann, Hilfe!“

Cornelia Funke

Diesen Text hat Cornelia Funke geschrieben. Forsche nach, wer das ist.

1 Welche Dinge geschehen Tom an diesem grässlichen Tag? Erzähle.

2 Hat Tom Angst vor dem Keller? Belege mit Textstellen.

3 Wie könnte die Geschichte weitergehen? Tauscht euch aus.

W-Fragen zu einem Text stellen und beantworten

Angst

Es war einmal ein Kind, das hatte immer Angst. Es hatte Angst, wenn es zu Fuß über die Straße ging. Es hatte Angst, wenn es im Auto über eine Brücke fuhr. Es hatte Angst, wenn es auf einem Schiff einen See überquerte. Vor allem aber hatte es Angst, wenn es in ein Flugzeug steigen sollte. Selbst bei blauem Himmel, wenn alle anderen Kinder längst in der Maschine umherliefen, blieb es angeschnallt auf seinem Platz sitzen, die feuchten Finger in die Armlehnen verkrallt, ängstlich auf jedes Wölkchen achtend, das am Fenster vorbeizog. Wie mächtig aber wurde seine Angst, als das Flugzeug einmal über dem offenen Meer in die Ausläufer eines leichten Sturms geriet. Schon war das Kind einer Ohnmacht nahe, da fiel sein Blick auf die alte Frau neben ihm, die am ganzen Leibe zitterte. „Fliegen Sie zum ersten Mal?“, fragte das Kind die alte Frau. Die alte Frau nickte nur. „Wissen Sie“, sagte das Kind zu der alten Frau und wunderte sich dabei selbst über seine ruhige feste Stimme, – „wissen Sie, dass sich die Flügel des Flugzeugs um acht Meter heben und senken können, ohne dass etwas passiert?“ Und dann erklärte das Kind der alten Frau noch all die anderen Dinge, die ihm sein Vater vor dem ersten Flug erzählt hatte und die ihm trotzdem nie geholfen hatten, seine Angst zu überwinden. Jetzt aber, während es da saß und mit der alten Frau sprach und ihr Mut machte, jetzt war mit einem Mal alle Angst vorbei.

Hans Stempel, Martin Ripkens

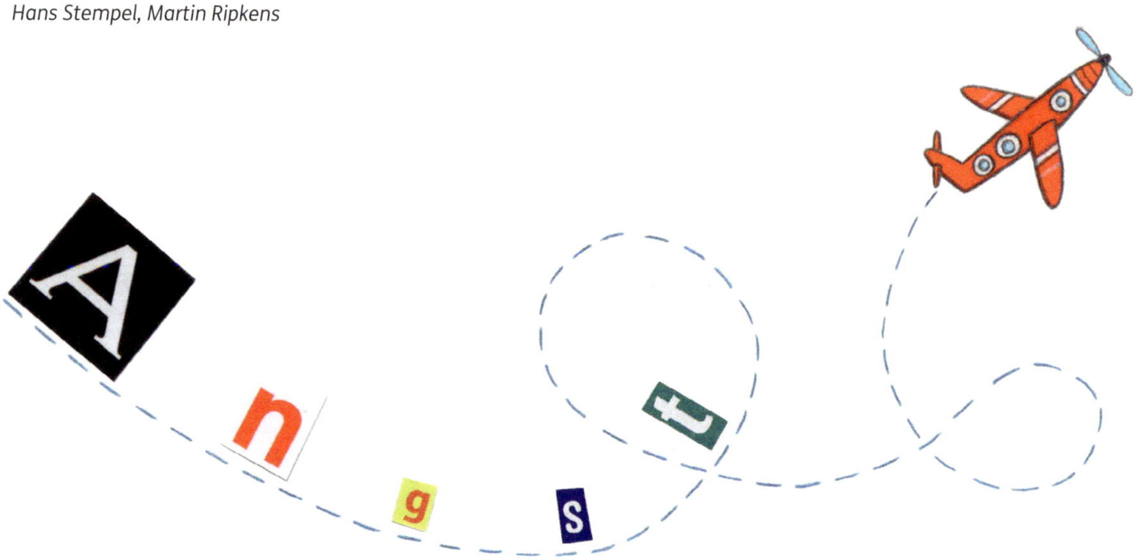

So kannst du W-Fragen zu einem Text stellen und beantworten

1. Lies die Überschrift und den Text genau. Betrachte die Bilder zum Text.

2. Welche W-Fragen kannst du beantworten?

3. Finde die Antworten im Text.

4. Schreibe die Fragen und Antworten auf.

Wer handelt? ein Kind

Was geschieht? hatte immer Angst

Wie geschieht es? ...

Wo geschieht es? ...

Wann geschieht es? ...

Warum geschieht es? ...

Du und ich und wir

Was mir gefällt

Mit Vater Kuchen backen,
mit Mutter Rätsel knacken,
auf dem Karussell fahren,
ein Geheimnis bewahren,
Muscheln und Steine zählen,
die Farbe wählen,
beim Spiel verweilen,
Kummer und Freude teilen,
Unsinn treiben
und Geschichten schreiben.

Max Bolliger

1 Finde die Paarreime.

Freunde

Freunde braucht man für tausend Sachen.
Freunde braucht man, um Quatsch zu machen.
Freunde sind da, heute und morgen.
Wer einen Freund hat, der hat nur halb so viel Sorgen.
Eine Freundin geht mit auf Abenteuer.
Zusammen verjagt man die Ungeheuer
und spielt gemeinsam Drachenschwanzjagen,
dann scheint die Sonne sogar an Regentagen.

Lea Hector

1 Wozu braucht man Freundinnen und Freunde? Lies nach.

2 Schreibe das Gedicht am Computer ab. Ersetze dann die in Aufgabe 1 gefundenen Wörter durch eigene Ideen.

→ MK Aufg. 2

Ich bin ich

Der ist größer als ich
Die ist schöner als ich
Der ist besser in der Schule als ich
Die hat mehr Spielsachen als ich
Der ist stärker als ich
Die hat mehr Freunde als ich
Der hat reichere Eltern als ich
Die macht weniger Fehler als ich
Der kann besser rechnen als ich
Die ist dünner als ich
Der ist cooler als ich
Die bekommt mehr Geschenke als ich
Der hat ein größeres Zimmer als ich
Die trägt bessere Kleider als ich
Der kann besser Fußball spielen als ich
Die weiß viel mehr als ich

aber

Ich bin so, wie ich jetzt bin
das ist gut, denn immerhin
gibt es niemand auf der Erde
der so wird, wie ich mal werde
der das sieht, was ich jetzt sehe
der so geht, wie ich jetzt gehe
der so lacht, wie ich jetzt lache
der das macht, was ich jetzt mache
Ich freue mich
denn ich bin ich.

Lena Wiesbauer

1 Wie sind die Anderen? Finde wichtige Wörter.

2 Worüber freut sich das Ich? Begründe.

Der Neinrich

Tante Karin rief zum Abschied: „Einen winzigen kleinen Kuss krieg ich aber!“ Schon machte es: „Schmatz!“ Leo stellte sich vor den Spiegel. Er rieb sich die Spuren des Lippenstifts von seiner Wange.

Leo ging wütend in sein Zimmer und zeichnete komische kleine Männchen. Plötzlich lag vor ihm wieder ein leeres Blatt.

Neben ihm bewegte sich etwas. Der Wicht, den er eben gezeichnet hatte, spielte mit einem Radiergummi Fußball. Der ulkige Wicht sagte: „Ich bin der Neinrich. Ich bringe dir das NEINsagen bei.“

Leo antwortete: „Meine Mutter beschwert sich darüber, dass ich zu oft NEIN sage.“

Der Neinrich sagte: „Das ist es eben. Man muss unbedingt wissen, wann der richtige Ort und die richtige Zeit zum Neinsagen ist.“

nach Edith Schreiber-Wicke

Lies mit einem Partner. → S. 5

Der Neinrich

„Einen winzigen kleinen Kuss krieg ich aber!“, rief Tante Karin zum Abschied. Schon machte es klebrig: „Schmatz!“ Leo rieb sich vor dem großen Spiegel die Lippenstiftspuren von seiner Wange. Dabei sah er seine Mutter vorwurfsvoll an. „Sie kommt ja nicht oft“, sagte diese ein wenig hilflos.

Leo ging wütend in sein Zimmer und zeichnete komische kleine Männchen. Plötzlich sah er vor sich wieder ein neues weißes Blatt. Neben dem Behälter mit den Stiften bewegte sich etwas. Der ulkige Wicht aus seiner Zeichnung spielte mit einem Radiergummi Fußball. „Ich bin der Neinrich“, sagte der Kleine. „Neinrich?“, wiederholte Leo. „Mit N? Nicht vielleicht Heinrich?“

„Ich heiße Neinrich, weil ich dazu da bin, dir das NEINsagen beizubringen“, sagte der Neinrich.

„Meine Mutter beschwert sich, dass ich zu oft NEIN sage“, antwortete Leo.

„Das ist es ja eben“, sagte der Neinrich. „Man muss unbedingt wissen, wann der richtige Ort und die richtige Zeit zum Neinsagen ist.“

nach Edith Schreiber-Wicke

Der Neinrich

„Einen winzigen kleinen Kuss krieg ich aber!“, rief Tante Karin und drückte Leo an sich. „Schmatz!“, machte es, bevor Leo noch irgendetwas sagen konnte. Leo spürte einen klebrigen Lippenstift auf seiner Wange.

„Süß ist er, der kleine Leo“, sagte Tante Karin, bevor sie sich endlich verabschiedete.

Leo stellte sich vor den großen Spiegel und rieb die Lippenstiftspuren von seiner Wange. Dabei sah er seine Mutter vorwurfsvoll an.

Seine Mutter zuckte ein wenig hilflos mit den Schultern.

„Sie kommt ja nicht oft“, sagte sie.

Leo ging in sein Zimmer. Er war wütend. Wie immer, wenn er wütend war, holte er seinen Zeichenblock und die Buntstifte. Irgendwie liefen die Stifte wie von selbst. Als Leo sah, was er gezeichnet hatte, wunderte er sich. Er zeichnete sonst nie komische kleine Männchen.

Leo wollte den Zeichenblock wegschieben, als er sah, dass seine Zeichnung verschwunden war. Glatt, weiß und neu lag das oberste Blatt vor ihm.

Leo sah, dass sich neben dem Behälter mit den Stiften etwas bewegte. Der ulkige Wicht, den er gezeichnet hatte, spielte mit einem Radiergummi Fußball. „Ich bin der Neinrich“, sagte der Kleine.

„Neinrich?“, wiederholte Leo. „Mit N? Nicht vielleicht Heinrich?“

„Das würde ja keinen Sinn machen“, sagte der kleine Kerl.

„Wieso?“, fragte Leo verständnislos.

„Weil ich dazu da bin, dir das NEINsagen beizubringen“, sagte der Kleine, der sich Neinrich nannte.

„Meine Mutter beschwert sich darüber, dass ich zu oft NEIN sage“, antwortete Leo.

„Das ist es ja eben“, sagte der Neinrich.

„Man muss unbedingt wissen, wann der richtige Ort und die richtige Zeit zum Neinsagen ist.“

Edith Schreiber-Wicke

1. Wie reagiert Leo auf Tante Karins Kuss? Erzähle.
2. Warum heißt der ulkige Wicht Neinrich? Erkläre.
3. Warum ist es wichtig, Neinsagen zu lernen? Tauscht euch aus.

Moritz heißt immer noch Meier

Als Papa zu Hause auszog, wollte Moritz am liebsten die ganze Welt verhauen. Seine Eltern hatten es nicht mehr geschafft, sich zu vertragen. Moritz dachte, dass er an allem schuld sei. Aber seine Eltern sagten beide, dass er überhaupt nichts dafür konnte. Seitdem wohnten Mama und Moritz allein. Das bunte Namensschild an der Haustür, wo all ihre Namen draufstanden, wurde abgenommen. Moritz fragte: „Heiße ich denn jetzt nicht mehr Meier?“ Seine Mama antwortete: „Klar heißt du noch Meier.“ In Moritz’ neuem Zimmer in Papas Wohnung stand ein tolles Abenteuerbett. „Alle Mann an Deck!“, rief Papa und sie spielten so lange, bis Moritz mitten in der Seeschlacht einschlief. Nur beim Auf-Wiedersehen-Sagen wurde er oft traurig. Und irgendwann war Moritz gerne bei Papa und gerne bei Mama. Dann tauchte plötzlich Stefan auf. Stefan war ein Freund von Mama. Er unternahm viel mit ihr und das gefiel Moritz überhaupt nicht. „Hat der denn keine eigene Frau?“, fragte Moritz böse. „Sie haben sich getrennt. Wie Papa und ich“, antwortete Mama. Moritz war stinksauer. Mama brauchte diesen blöden Stefan nicht. Deshalb machte Moritz ganz viel Unsinn, damit Mama merkte, dass Stefan wieder gehen sollte. Aber Mama schimpfte nicht, sondern nahm ihn in den Arm.

nach Corinna Gieseler

Moritz heißt immer noch Meier

Als Papa zu Hause auszog, wollte Moritz am liebsten die ganze Welt verhauen. Sogar seinen besten Freund. „Musst du denn immer streiten?“, sagten alle zu Moritz. „Komm, vertragt euch wieder.“ Aber nicht mal seine Eltern hatten es geschafft, sich zu vertragen, obwohl sich Moritz solche Mühe gegeben hatte. Moritz dachte, dass er an allem schuld sei. Aber seine Eltern sagten beide, dass er überhaupt nichts dafür konnte. Und dass es trotzdem besser war, wenn sie sich trennten. Seitdem wohnten Mama und Moritz allein in der Lerchenstraße. Das bunte Schild an der Haustür, wo all ihre Namen draufstanden, wurde abgenommen. „Heiße ich denn jetzt nicht mehr Meier?“, fragte Moritz. „Klar heißt du noch Meier“, sagte sie. „Und wir zwei bleiben hier zusammen, versprochen ist versprochen.“ Am Anfang war es schon komisch, wenn Moritz Papa am Wochenende besuchte. In Moritz’ Zimmer stand ein tolles Abenteuerbett drin. „Alle Mann an Deck!“, rief Papa. Abends kochte Papa Nudeln und sie spielten so lange, bis Moritz mitten in der Seeschlacht einschlief. Und irgendwann fand Moritz es nicht mehr so schlimm mit den zwei Wohnungen. Er war gerne bei Papa und gerne bei Mama. Dann tauchte plötzlich Stefan in der Lerchenstraße auf. Und das gefiel Moritz überhaupt nicht. Stefan war ein Freund von Mama. Er unternahm viel mit ihr und das gefiel Moritz noch viel weniger. „Hat der denn keine eigene Frau?“, fragte Moritz böse. „Sie haben sich auch getrennt. Wie Papa und ich“, antwortete Mama. Moritz war stinksauer: Und plötzlich war die Wut im Bauch wieder da. Mama brauchte diesen blöden Stefan nicht. Sie brauchte nur Moritz. Moritz machte ganz viel Unsinn, damit Mama merkte, dass Stefan wieder gehen sollte. Aber Mama schimpfte nicht, sondern nahm ihn in den Arm.

nach Corinna Gieseler

Moritz heißt immer noch Meier

Als Papa zu Hause auszog, wollte Moritz am liebsten die ganze Welt verhauen. Sogar seinen besten Freund. „Musst du denn immer streiten?", sagten alle zu Moritz. „Komm, vertragt euch wieder." Aber sich zu vertragen war schwer. Nicht mal Mama und Papa hatten das geschafft, obwohl sich Moritz solche Mühe gegeben hatte. Weil er nämlich dachte, dass er an allem schuld sei. Doch Mama und Papa sagten beide, dass er überhaupt nichts dafür konnte. Und dass es trotzdem besser war, wenn sie sich trennten. Seitdem wohnten Mama und Moritz allein in der Lerchenstraße. Das bunte Schild an der Haustür, wo all ihre Namen draufstanden, wurde abgenommen. „Heiße ich denn jetzt nicht mehr Meier?", fragte Moritz. Mama wuschelte ihm durchs Haar. „Klar heißt du noch Meier", sagte sie. „Und wir zwei bleiben hier zusammen, versprochen ist versprochen. Obwohl du manchmal auch ein bisschen bei Papa wohnst. Wenn du ihn besuchst, meine ich." Am Anfang war es schon komisch, wenn Moritz Papa am Wochenende besuchte. Die neue Wohnung war viel kleiner und noch nicht fertig eingerichtet. Auch Papa sah ein bisschen anders aus als vorher. Als Erstes zeigte er Moritz sein Zimmer. Ein tolles Abenteuerbett stand da drin. Moritz kletterte gleich die Strickleiter hoch. „Alle Mann an Deck!", rief Papa. Abends war es dann fast wie früher. Papa kochte Nudeln und sie spielten so lange, bis Moritz mitten in der Seeschlacht einschlief.

Wenn Mama ihn am Sonntagabend abholte, erzählte Moritz ihr meistens gleich, was sie alles gemacht hatten. Nur beim Auf-Wiedersehen-Sagen wurde er traurig. „Schade, dass du nicht mitkommst, Papa“, sagte er oft. Aber Papa meinte, einer müsste ja schließlich auf die ESMERALDA aufpassen. So hieß jetzt nämlich Moritz’ Bett. Irgendwann fand Moritz es gar nicht mehr so schlimm mit den zwei Wohnungen. Er war gerne bei Papa und gerne bei Mama. Beide hatten ihn immer noch lieb, auch wenn sie nicht mehr zusammen wohnten. Dann tauchte plötzlich Stefan in der Lerchenstraße auf. Und das gefiel Moritz überhaupt nicht. Stefan war ein Freund von Mama. Er ging mit Mama ins Kino oder machte mit ihr Musik. Er brachte Mama zum Lachen und das gefiel Moritz noch viel weniger. „Hat der denn keine eigene Frau?“, fragte Moritz böse. „Nicht mehr“, antwortete Mama. „Weißt du, sie haben sich auch getrennt. Wie Papa und ich.“ Moritz war stinksauer: Und plötzlich war die Wut im Bauch wieder da. Mama brauchte Stefan nicht. Sie brauchte nur Moritz. Dieser blöde Stefan! Er spielte nicht Fußball, nur Klavier. Er konnte keine Nudeln kochen. Er wusste bestimmt nichts über Seeräuber. Moritz machte ganz viel Unsinn, damit Mama merkte, dass Stefan wieder gehen sollte. Zum Glück verstand Mama, warum Moritz das tat. Sie schimpfte nicht, sondern nahm ihn in den Arm.

Corinna Gieseler

1 Warum will Moritz die ganze Welt verhauen? Erzähle.

2 Warum ist Moritz stinksauer, als Stefan auftaucht? Erkläre.

3 Warum schimpft Moritz’ Mama nicht, als er Unsinn macht? Begründet.

Du kannst deine Folie benutzen.

Nicht ganz richtig im Kopf?

1 Lies flüssig.

anders	besonders
anders sein	besonders sein
das Anderssein	das Besonderssein

2 Was bedeutet „Anderssein“ für dich? Wähle aus. Es gibt keine richtige oder falsche Lösung.

... besonders zu sein	... große Füße zu haben
... gut schwimmen zu können	... langsamer zu lernen
... zu stottern	... jeden Tag in die Schule zu gehen
... sich auf die Ferien zu freuen	... Sachen anders zu verstehen
... nicht so deutlich sprechen zu können	... eine Hose und ein T-Shirt zu tragen

3 Wie verändert sich der Satz? Lies genau.

Jeder
Jeder ist anders.
Ich bin anders.
Du bist anders.
Wir sind anders.
Das Anderssein macht die Welt besonders bunt.

→ Lese- & Sprachförderung zur Vorentlastung & Vorbereitung auf den Text S. 42/43

Du kannst deine Folie benutzen.

4 Welches Wort passt zu welchem Bild? Überlege.

keuchen

schnauben

kramen

zerquetschen

5 Lies den Text.

Denni hat das Down-Syndrom. (sprich „Daun-Sünndrohm“). Er kann nicht so schnell lernen wie andere Kinder. Er ist ein fröhlicher und einfühlsamer Junge. Er ist schwer zu verstehen, wenn er spricht. Er spielt gern mit anderen Kindern und hat viel Spaß dabei. Er versteht manche Sachen anders als andere Kinder. Anders zu sein kann auch besonders sein.

auf der Grundlage von Brigitte Werner

Nicht ganz richtig im Kopf?

Und dann waren die Ferien da, und es war Sommer mit einem blauen Himmel und kleinen Wolken. Und Klara hatte einen neuen Freund, und sie wusste jetzt besser Bescheid über Angst und über das Besonderssein. Oder Anderssein. Klara tanzte in der Küche herum, sie schmiss die Schultasche ganz nach hinten in die Kammer. Sie wollte Eis essen, sie wollte Purzelbäume schlagen und Dinosaurier kraulen, sie wollte auf Bäume klettern. Aber am liebsten wollte sie, dass Denni endlich klingelte.

Und weil heute ihr Glückstag war, tat er das auch, gerade, als sie es sich wünschte. Denni hielt Rübe* in der Hand und einen Strauß Gänseblümchen in der anderen.

Da bog Frau Schönegans mit zwei schweren Einkaufstaschen keuchend und schnaubend um die Ecke und verzog das Gesicht, als sie die beiden sah. Denni verzog auch das Gesicht, und Klara hätte beinahe gekichert.

Aber da nahm Denni Frau Schönegans einfach eine Tasche ab und sagte: „Huch!“, und trug sie bis zu ihrer Wohnungstür. Und dort sagte er wieder: „Huch!“ Und: „Schweeeer!“

Frau Schönegans war so verdattert, dass ihrer spitzen Zunge nichts einfiel, kein einziges Wort, noch nicht mal *Danke* konnte sie sagen. Sie starrte Denni an, dann kramte sie in ihrer Jacke nach dem Schlüssel. Und als sie gerade in der Wohnung verschwinden wollte, drückte ihr Denni die fast zerquetschten Gänseblümchen in die Hand und sagte wieder: „Huch!“ Dann sagte er noch: „DankeschönBitteschön!“

* *Rübe: ist der Name seines Stofftieres*

Und Frau Schönegans war so platt wie ein frisch gebügeltes Taschentuch. Dann sah sie giftig zu Klara rüber und sagte: „Der ist doch nicht ganz richtig im Kopf!“

Da wurde Klara wütend. Sie merkte richtig, wie der dicke, heiße Wutkloß wuchs und wuchs, und ihre Angst, die sie immer vor Frau Schönegans wegen ihrer Meckerei hatte, wurde immer kleiner, weil sie von der Wut weggedrückt wurde und keinen Platz mehr hatte. Klara stemmte ihre Fäuste in die Seiten. Sie stellte sich vor Frau Schönegans hin, ganz aufrecht, sie merkte, wie sie sich plötzlich groß fühlte, groß und stark.

Und sie blickte Frau Schönegans geradewegs in ihre kleinen, harten Augen und sagte: „Aha! Wenn man anderen hilft, dann ist man nicht ganz richtig im Kopf. Soso. Aha. Und wenn man anderen Blumen schenkt, ist man auch nicht richtig im Kopf. Aha. Verstehe!“ Und hinter ihr wiederholte Denni: „Aha. Soso, verstehe!“

Brigitte Werner

1. Warum wird Klara wütend? Erzähle.
2. Was ist an Dennis Verhalten „besonders“? Erkläre.
3. Wie findet ihr Klaras Verhalten? Begründet.
4. Warum reagiert Frau Schönegans so auf Denni? Stellt Vermutungen an und tauscht euch aus.
5. Kennt ihr „besondere“ Kinder? Was macht sie „besonders“? Tauscht euch aus.

Traumhaft und fantasievoll

Zauberspruch

Nimm Entenfedern,
Löwenzahn
und einen Löffel
Lebertran.
Sprich Hunke-
munke-mops dabei
und mische
einen dicken Brei.

Schmier dir
die Nasenspitze ein,
und stell dich
in den Mondenschein.
Und schwebst du nun
nicht in die Nacht –
dann hast du etwas
falsch gemacht!

Max Kruse

1 Welche Zaubersprüche kennt ihr? Tauscht euch aus.

2 Vergleicht eure Zaubersprüche. Was haben sie gemeinsam?

Hexeneinmaleins

Du musst verstehn!
Aus Eins mach Zehn,
Und Zwei lass gehn,
Und Drei mach gleich,
So bist du reich.
Verlier die Vier!

Aus Fünf und Sechs –
So sagt die Hex –
Mach Sieben und Acht,
So ist's vollbracht:
Und Neun ist Eins,
Und Zehn ist keins.
Das ist das Hexeneinmaleins.

Johann Wolfgang von Goethe

1 Sprecht das „Hexeneinmaleins“ mit verschiedenen Sprechweisen. Zum Beispiel wie eine alte, eine junge, eine böse Hexe oder eine Kicherhexe.

2 Finde Reimpaare. Welcher Vers hat keinen Reim? Warum? Erkläre.

3 Wer ist Johann Wolfgang von Goethe? Forscht nach.

→ MK Aufg. 3

Gerichte aus der Hexenküche

In der alten Felsenhöhle
mixt die Hexe mit Gegröle
ihre schlimmen Hexenöle:
Rabenschnäbel,
Räubersäbel,
Hungersteine,
Spinnenbeine,
Zirbeldrüse,
Krötenfüße,
Kräutersud
und Drachenblut.
Noch ein wenig Rattenspeck,
eine Prise Hühnerdreck
und ein bisschen Fensterkitt.
Ich wünsche guten Appetit!

Paul Maar

1 Welche Zutaten werden für das Hexengericht benötigt? Lies nach.

2 Denke dir Zutaten für ein Hexengericht aus. Schreibe ein Rezept.

Ein sehr kurzes Märchen

Hänsel und Knödel,
die gingen in den Wald.
Nach längerem Getrödel
rief Hänsel plötzlich: „Halt!“

Ihr alle kennt die Fabel,
des Schicksals dunklen Lauf:
Der Hänsel nahm die Gabel
und aß den Knödel auf.

Michael Ende

1 Finde die Reimwörter.

2 Singe das Gedicht auf die bekannte „Hänsel und Gretel“-Melodie.

Der süße Brei

Es war einmal ein Mädchen und seine Mutter, die hatten nichts zu essen. Eines Tages schenkte ihm eine alte Frau ein Töpfchen, zu dem sollte es sagen: „Töpfchen, koch“, so kochte es süßen Brei. Wenn es sagte: „Töpfchen, steh“, so hörte es wieder auf zu kochen. Einmal ging das Mädchen aus, und die Mutter kochte sich Brei. Aber sie wusste das Wort nicht, um das Töpfchen zu stoppen. Also kochte es weiter, und das Haus und die Straße und die Stadt liefen voll Brei. Endlich kam das Kind heim und sprach nur: „Töpfchen, steh“, da hörte es auf zu kochen. Wer aber in die Stadt wollte, der musste sich durchessen.

nach den Brüdern Grimm

Der süße Brei

Es war einmal ein armes, frommes Mädchen, das lebte mit seiner Mutter allein, und sie hatten nichts mehr zu essen. Da ging das Kind hinaus in den Wald. Es begegnete ihm eine alte Frau. Sie schenkte ihm ein Töpfchen, zu dem sollte es sagen: „Töpfchen, koche“, so kochte es guten, süßen Hirsebrei. Wenn es sagte: „Töpfchen, steh“, so hörte es wieder auf zu kochen. Nun waren sie ihren Hunger los. Einmal war das Mädchen ausgegangen, da sprach die Mutter: „Töpfchen, koche.“ Da kochte es und die Mutter aß sich satt. Nun wusste sie aber das Wort zum Aufhören nicht. Also kochte das Töpfchen weiter, und der Brei stieg über den Rand hinaus und kochte immerzu, die Küche und das ganze Haus voll, und das zweite Haus und dann die Straße, als wollte es die ganze Welt satt machen. Endlich, als nur noch ein einziges Haus übrig war, da kam das Kind heim und sprach nur: „Töpfchen, steh“, da hörte es auf zu kochen. Wer aber in die Stadt wollte, der musste sich durchessen.

nach den Brüdern Grimm

Der süße Brei

Es war einmal ein armes, frommes Mädchen, das lebte mit seiner Mutter allein. Sie waren so arm, dass sie nichts mehr zu essen hatten. Da ging das Kind hinaus in den dunklen, kalten Wald. Es wollte schauen, ob es etwas Essbares fand. Dort begegnete ihm eine alte Frau, die kannte seinen Kummer schon und wollte dem frommen Mädchen helfen.
So schenkte sie ihm ein Töpfchen, zu dem sollte es sagen:
„Töpfchen, koche“, so kochte es guten, süßen Hirsebrei.
Wenn es sagte: „Töpfchen, steh“, so hörte es wieder auf zu kochen.
Das Mädchen brachte den Topf seiner Mutter, und nun waren sie ihre Armut und ihren Hunger los und aßen süßen Brei, sooft sie wollten.
Einmal war das Mädchen ausgegangen. Die Mutter hatte Hunger, darum sprach sie: „Töpfchen, koche.“
Da kochte es und die Mutter aß sich mit süßem Hirsebrei satt.
Nun wollte sie, dass das Töpfchen wieder aufhören sollte, aber sie wusste das Wort nicht. Sie probierte es mit: „Töpfchen, hör auf zu kochen.“ Und mit: „Töpfchen, ich bin satt.“ Und mit vielen anderen Sprüchen, aber der richtige war nicht dabei. Also kochte das Töpfchen weiter. Es wusste ja nicht, dass es aufhören sollte zu kochen. Und so stieg der Brei über den Topfrand hinaus und kochte immerzu, die Küche und das ganze Haus voll, und das zweite Haus und dann die Straße, als wollte es die ganze Welt satt machen. Kein Mensch wusste sich mehr zu helfen. Endlich, als nur noch ein einziges Haus übrig war, da kam das Kind heim und sprach nur: „Töpfchen, steh“, da hörte es auf zu kochen. Wer aber in die Stadt wollte, der musste sich durchessen.

nach den Brüdern Grimm

1. Was passiert dem armen Mädchen? Erzähle.
2. Auf welche Sprüche reagiert das Töpfchen? Finde die Zeilen.
3. Woran kannst du erkennen, dass „Der süße Brei“ ein Märchen ist? Erkläre. → S. 57
4. Welche Märchen haben die Brüder Grimm noch geschrieben? Forscht nach. Ihr könnt auch ein Plakat dazu gestalten.

→ MK Aufg. 4

Der Räuber Hotzenplotz schimpfte: „Schlechte Zeiten!“ „Die Räuberei bringt zu wenig ein und anstrengend ist sie außerdem!“ Da hörte er auf der Landstraße einen Handwagen knarren. Hotzenplotz dachte: „Nanu! Liege ich etwa doch nicht umsonst auf der Lauer?“ Der Wagen wurde vom Kasperl und seinem Freund Seppel gezogen. Auf dem Wagen stand eine große, schwere Kiste. Der Räuber Hotzenplotz las: „Vorsicht, Gold!“ Endlich lachte ihm wieder das Räuberglück! Hastig riss Hotzenplotz seine Pistole aus dem Gürtel und sprang mit einem Riesensatz auf die Straße hinaus. „Hände hoch!“, brüllte Hotzenplotz, „oder ich schieße!“ Kasperl und Seppel nahmen sofort Reißaus. Er rief ihnen nach: „Lauft nur, ihr beiden Helden!“ „Hauptsache, dass mir die Kiste nicht wegläuft! Hö-hö-hö-höö!“ Er beschnüffelte die Kiste. „Hm – sie ist zugenagelt.“ Der Räuber Hotzenplotz hatte es mit dem Heimkommen so eilig, dass er gar nicht merkte, wie die Kiste mit der Zeit immer leichter wurde. Feiner Sand rieselte durch ein Loch im Kistenboden. Daheim angekommen stellte Hotzenplotz die Kiste auf den Tisch und öffnete sie. Er beugte sich darüber, blickte hinein und erstarrte.

nach Otfried Preußler

Künstlerpech

„Schlechte Zeiten!“, schimpfte der Räuber Hotzenplotz. „Wenn das so weitergeht, muss ich mich allmählich nach einem anderen Beruf umsehen. Die Räuberei bringt auf die Dauer zu wenig ein und anstrengend ist sie außerdem!“

Da hörte er auf der Landstraße einen Handwagen knarren.

„Nanu!“, dachte Hotzenplotz. „Liege ich etwa doch nicht umsonst auf der Lauer?“

Er griff nach seinem Fernrohr. Draußen auf der Landstraße bogen zwei Leute mit einem Handwagen um die Waldecke. Der eine war übrigens der Kasperl, ihn erkannte er an seiner Zipfelmütze. Dann konnte der andere nur sein Freund Seppel sein. Auf dem Handwagen lag eine große, schwere Kiste.

Hotzenplotz hätte zu gern gewusst, was in der Kiste ist.

„Vorsicht, Gold!“, las der Räuber Hotzenplotz.

Endlich lachte ihm wieder das Räuberglück! Hastig riss Hotzenplotz seine Pistole aus dem Gürtel und spannte sie. Er ließ die beiden mit ihrem Wagen auf wenige Schritte herankommen. Dann sprang er mit einem Riesensatz auf die Straße hinaus. „Hände hoch!“, brüllte Hotzenplotz. „Oder ich schieße!“

Es wunderte ihn kein bisschen, dass Kasperl und Seppel sofort Reißaus nahmen.

„Lauft nur, ihr beiden Helden!“, rief er ihnen nach. „Hauptsache, dass mir die Kiste nicht wegläuft! Hö-hö-hö-höö!“

Er beschnüffelte die Kiste. „Hm – sie ist zugenagelt ... Natürlich! Es ist ja Gold drin!“ Er hatte es mit dem Heimkommen so eilig, dass er gar nicht merkte, wie die Kiste auf seinem Rücken mit der Zeit immer leichter wurde. Feiner weißer Sand rieselte durch ein Loch im Kistenboden und bildete hinter dem Räuber Hotzenplotz eine dünne Spur. Daheim angekommen stellte Hotzenplotz die Kiste auf den Tisch und holte Hammer und Zange, um die Kiste zu öffnen.

Er beugte sich über die Kiste, blickte hinein und erstarrte.

nach Otfried Preußler

Künstlerpech

„Schlechte Zeiten!“, schimpfte der Räuber Hotzenplotz. „Wenn das so weitergeht, muss ich mich allmählich nach einem anderen Beruf umsehen. Die Räuberei bringt auf die Dauer zu wenig ein und anstrengend ist sie außerdem!“

Er wollte sich eben – was er sonst während der Arbeitszeit nur höchst selten tat – eine Prise Schnupftabak genehmigen: Da hörte er auf der Landstraße einen Handwagen knarren.

„Nanu!“, dachte Hotzenplotz. „Liege ich etwa doch nicht umsonst auf der Lauer?“

Und er griff statt zur Schnupftabaksdose wieder nach seinem Fernrohr.

Draußen auf der Landstraße bogen zwei Leute mit einem Handwagen um die Waldecke. Auf dem Handwagen lag eine große Kiste.

Die Kiste schien schwer zu sein. Die beiden mussten sich mit dem Wagen ganz schön abmühen.

Der eine war übrigens dieser Kasperl, ihn erkannte man ja von Weitem an seiner Zipfelmütze. Und der andere?

Nun, wenn der eine von beiden der Kasperl war, konnte der andere nur sein Freund Seppel sein: Das wusste sogar der Räuber Hotzenplotz.

„Lieber wüsste ich freilich, was in der Kiste ist!“, dachte er.

Aber halt, trug die Kiste nicht eine Aufschrift? Was stand da mit roten leuchtenden Buchstaben draufgemalt ...? „Vorsicht, Gold!“, las der Räuber Hotzenplotz; und er musste es gleich noch ein zweites und drittes Mal lesen, bevor er sicher war, dass er sich nicht getäuscht hatte.

Nein, er hatte sich nicht getäuscht! Endlich lachte ihm wieder das Räuberglück!

Vielleicht sollte er seinen Beruf lieber doch nicht aufgeben?

Hastig riss Hotzenplotz seine Pistole aus dem Gürtel und spannte sie.

Er ließ Kasperl und Seppel mit ihrem Wagen auf wenige Schritte herankommen.

Dann sprang er mit einem Riesensatz auf die Straße hinaus.

„Hände hoch!“, brüllte Hotzenplotz. „Oder ich schieße!“

Es wunderte ihn kein bisschen, dass Kasperl und Seppel sofort Reißaus nahmen.

„Lauft nur, ihr beiden Helden!“, rief er ihnen nach. „Hauptsache, dass mir die Kiste nicht wegläuft! Hö-hö-hö-höö!“

Er brach in ein schallendes Gelächter aus, schob die Pistole in den Gürtel zurück und machte sich daran, die Kiste gründlich von allen Seiten zu beschnüffeln.

„Hm – sie ist zugenagelt ... Natürlich! Es ist ja Gold drin! – Ob ich sie wohl mal aufmache und hineinschaue? Lieber nicht ... Ich muss sehen, dass ich hier wegkomme! ...“

Er hatte es mit dem Heimkommen so eilig, dass er gar nicht merkte, wie die Kiste auf seinem Rücken mit der Zeit immer leichter und leichter wurde. Denn Kasperl hatte im letzten Augenblick doch noch daran gedacht, das Streichholz herauszuziehen, und nun rieselte der feine weiße Sand ohne Unterlass durch das Loch im Kistenboden und bildete hinter dem Räuber Hotzenplotz eine dünne Spur.

Daheim angekommen stellte Hotzenplotz die Kiste auf den Tisch und nachdem er den Eingang zur Räuberhöhle von innen verriegelt hatte, holte er Hammer und Zange aus dem Werkzeugkasten und machte sich daran, die Kiste zu öffnen. Da er ein sehr erfahrener Räuber war, der sein Handwerk von Grund auf verstand, dauerte es nicht lange, bis er den Deckel aufklappen konnte. Er beugte sich über die Kiste und blickte hinein. Da erstarrte er.

Otfried Preußler

1. Was beobachtet Hotzenplotz, als er auf der Lauer liegt? Erzähle.
2. Was ist für Hotzenplotz „Räuberglück“? Lies nach.
3. Wie könnte die Geschichte weitergehen? Tauscht euch aus.
4. Diese Geschichte gibt es als Buch, als Film und als Hörspiel. Was würdet ihr auswählen? Begründet.

→ MK Aufg. 4

Du kannst deine Folie benutzen.

Till bäckt Eulen und Meerkatzen

1 Welche Wörter haben die gleiche Bedeutung? Lies genau und überlege.

Bäckerei | Semmeln | Bäckerlehrling | Brotlaib

Bäckergeselle | Backstube | Brotwecken | Brötchen

2 Welche Dinge kannst du in einer Bäckerei kaufen? Lies genau und wähle aus.

Schuhe | Brotwecken

Brezeln | Semmeln

Spinat | Brotstangen

3 Betrachte das Bild. Was stimmt? Wähle die richtige Antwort aus.

Meerkatzen sind kleine Meerschweine mit rotem Fell.

Meerkatzen sind kleine Affen mit einem langen Schwanz.

Meerkatzen sind kleine getigerte Hauskatzen.

→ Lese- & Sprachförderung zur Vorentlastung & Vorbereitung auf den Text S. 54/55

Du kannst deine Folie benutzen.

4 Lies die grauen Kästen. Was könnte damit gemeint sein?
Lies genau und finde die richtige Erklärung.

ein paar gescheite Leute

Was pflegt ein Bäcker wohl zu backen?

ein paar kluge Leute

ein paar arme Tiere

Was bäckt wohl normalerweise ein Bäcker?

Was kocht wohl so ein Koch?

Ich tue, was Ihr mich geheißen habt.

Ich tue, was ich will.

Ich tue, was Sie mir befohlen haben.

5 Was stimmt? Finde die Fallen und lies die Sätze richtig.

Eines Tages kam Till zu einem Bäcker.
Dieser suchte einen Gesellen / Handwerker.
Der Bäcker wollte, dass Till das Grillen / Backen übernimmt.
Till fragte ihn, was er backen / spielen soll.
Da wurde der Arzt / Bäcker zornig.
Spöttisch sagte er zu ihm, dass er Eulen und Meerkatzen backen sollte.
Till nahm den Bäckermeister beim Wort. Er begann, die ganze Nacht Meerkatzen und Eulen zu backen / stricken.

nach Heinz Janisch

Till bäckt Eulen und Meerkatzen

„Der ist ja verrückt“, sagen die Leute oft, wenn sie von Tills Streichen hören. Und ein paar Gescheite, die noch lachen können, sagen dann: „Ja, Gott sei Dank, dass es das noch gibt, einen, der die Dinge verrückt, so wie es ihm gefällt, damit nicht immer alles das gleiche Gesicht und die gleiche Ordnung hat!“

Eines Tages kam Till zu einem Bäcker, der dringend nach einem Gesellen suchte. Schon nach wenigen Tagen ließ der Bäckermeister Till kommen und bat ihn, an seiner Stelle das Backen zu übernehmen. Bis zum Morgen müsse alles fertig sein. „Ja, was soll ich denn backen?“, fragte Till. Der Meister wurde zornig und rief spöttisch: „Na, was pflegt ein Bäcker schon zu backen? Eulen und Meerkatzen natürlich!“

Als nun der Bäcker am frühen Morgen in die Backstube kam, fand er keine einzige Semmel und keinen einzigen Brotwecken. Er sah überall nur gebackene Eulen und Meerkatzen, Eulen und Meerkatzen in allen Größen, wohin er auch schaute. „Ja, bist du denn von allen guten Geistern verlassen!“, tobte der Bäckermeister. „Was hast du denn gebacken?“ „Was Ihr mich geheißen habt“, sagte Till ruhig, „Eulen und Meerkatzen.“

Der Bäcker schimpfte und fluchte und wollte sich nicht beruhigen. „Nimm dein Narrenzeug und verschwinde!“, schrie er mit hochrotem Kopf. Till musste auch noch den Teig bezahlen, den er verbraucht hatte. Er gab dem Bäcker das Geld, steckte alle seine Eulen und Meerkatzen in einen Korb und ging rasch davon.

Er stellte sich vor die Kirche und zeigte allen Leuten, die vorbeikamen, den Alten und den Jungen, seine gebackenen Eulen und Meerkatzen. Und da der nächste Tag Sankt Nikolaustag war und alle Leute nach kleinen Geschenken suchten, kam ihnen der sonderbare Bäckergeselle mit seinen Eulen und Meerkatzen gerade recht. „Endlich einmal etwas Neues!“, sagten sie. „Nicht immer nur diese langweiligen, runden Semmeln!“ Und sie kauften und kauften, und Till verdiente viel mehr Geld, als er dem Bäcker für den Teig gegeben hatte.

neu erzählt von Heinz Janisch

1 Was antwortet der Bäckermeister auf Tills Frage „Ja, was soll ich denn backen?“? Lies nach.

2 In welcher Zeile findest du die Textzeilen? Schreibe sie in dein Heft.

- Ja, was soll ich denn backen?
- Er sah überall nur gebackene Eulen …
- Er gab dem Bäcker das Geld …
- Endlich einmal etwas Neues!

3 Die Leute sagen oft über Till: „Der ist ja verrückt.“ Wie findet ihr das? Begründet.

Märchen erkennen

Dornröschen

Vor Zeiten waren ein König und eine Königin. Die wünschten sich sehr ein Kind. Endlich gebar die Königin eine Tochter. Sie feierten ein großes Fest. Der König lud die weisen Feen seines Reiches ein. Da er nur zwölf goldene Teller besaß, musste die dreizehnte Fee zu Hause bleiben. Erbost betrat sie den Saal. Die böse Fee sprach: „Die Königstochter soll sich in ihrem fünfzehnten Jahr an einer Spindel stechen und tot niederfallen.“ Alle waren erschrocken. Da trat die zwölfte Fee hervor, die ihren Wunsch noch nicht ausgesprochen hatte. So sprach sie: „Es soll aber kein Tod sein, sondern ein hundert Jahre währender Schlaf.“ Der König ließ alle Spindeln in seinem Reich verbrennen. Alle guten Wünsche der Feen erfüllten sich. So war das Mädchen schön, freundlich und sittsam. An ihrem fünfzehnten Geburtstag betrat die Königstochter einen Turm. Sie stieg eine enge Treppe hinauf und betrat einen Raum, in dem eine alte Frau an einem Spinnrad saß, die Flachs sponn. Das Mädchen interessierte sich sehr und so geschah es, dass sie sich an der Spindel stach und in einen tiefen Schlaf fiel. Der Schlaf breitete sich über das ganze Schloss aus. Die Hunde schliefen im Hof, die Tauben auf dem Dach. Der Braten hörte auf zu brutzeln und der Koch, der den Küchenjungen, weil er etwas verschüttet hatte, an den Haaren ziehen wollte, ließ ihn los und schlief. Um das Schloss herum aber wuchs eine riesige Dornenhecke. Überall im Land erzählte man sich von dem schönen, schlafenden Dornröschen. Von Zeit zu Zeit versuchten sich Königssöhne einen Weg durch die Hecke zu bahnen. Aber die Dornen hielten sie fest. Eines Tages beschloss ein furchtloser Jüngling das Dornröschen aufzusuchen. Da gerade die hundert Jahre vorbei waren, öffnete sich die Hecke und der Prinz konnte zu Dornröschen vortreten. Er gab ihm einen Kuss. Dornröschen schlug die Augen auf und mit ihm erwachte der ganze Hofstaat. Die Hochzeit wurde in aller Pracht gefeiert und sie lebten vergnügt bis an ihr Ende.

nach den Brüdern Grimm

So kannst du Märchen erkennen

1 Lies den Text.
Betrachte die Bilder zum Text.

2 Lies den Anfang.
Märchen beginnen oft mit:

Vor Zeiten …
Es war einmal …
In alten Zeiten …

Märchen erkennen

Dornröschen

Vor Zeiten waren ein König und eine Königin. Die wünschten sich sehr ein Kind. Endlich gebar die Königin eine Tochter. Sie feierten ein großes Fest.

3 Lies das Ende.
Märchen enden oft mit den Sätzen:

… und sie lebten vergnügt bis an ihr Ende.
Und wenn sie nicht gestorben sind,
dann leben sie noch heute.

der ganze Hofstaat. Die Hochzeit wurde in aller Pracht gefeiert und sie lebten vergnügt bis an ihr Ende.

nach den Brüdern Grimm

4 In Märchen findest du oft sehr alte Wörter.

sittsam, niederfallen,
währender, furchtlos

5 Märchen spielen oft mit guten
und bösen Figuren:

König, Königin, Fee, Prinz

6 In Märchen passieren oft wundersame
Dinge.

Der Natur auf der Spur

Der Schmetterling ist in die Rose verliebt,
Umflattert sie tausendmal,
Ihn selber aber, goldig zart,
Umflattert der liebende Sonnenstrahl.

Jedoch, in wen ist die Rose verliebt?
Das wüsst ich gar zu gern.
Ist es die singende Nachtigall?
Ist es der schweigende Abendstern?

Ich weiß nicht, in wen die Rose verliebt;
Ich aber lieb euch all:
Rose, Schmetterling, Sonnenstrahl,
Abendstern und Nachtigall.

Heinrich Heine

1. Worum geht es in dem Gedicht? Erkläre mit eigenen Worten.
2. Welche Strophe findest du besonders schön? Trage sie einem Kind vor.
3. Der Sonnenstrahl „umflattert“ den Schmetterling und der Abendstern „schweigt“. Was ist damit gemeint? Tauscht euch aus.
4. Lerne das Gedicht auswendig. Trage es betont vor. Du kannst deine Stimme dabei auch aufnehmen oder dich filmen.

→ MK Aufg. 4

Ein Lügenmärchen

„Oje“, sagt der Regen.
„Der See da vorne
ist schon ganz voll.
Um den mach ich lieber
einen großen Bogen.“
Ja, und so ist der
Regenbogen entstanden.

Heinz Janisch

1 Wie ist der Regenbogen im Text entstanden? Erzähle.

2 Suche nach Reimwörtern. Was stellst du fest? Erkläre.

3 Ist „Ein Lügenmärchen“ ein Gedicht? Tauscht euch aus.

Die Apfelbäume

Ein Greis pflanzte Apfelbäume.
Die Leute sagten zu ihm:
„Wozu pflanzt du diese Bäume?
Man muss lange warten, bis sie Äpfel tragen,
und du wirst nicht mehr dazu kommen,
von diesen Äpfeln zu essen.“
Der Greis sagte: „Nun, wenn nicht ich,
dann werden andere sie essen
und mir dankbar sein.“

Leo Tolstoi

1 Was ist ein Greis? Forsche nach.

2 Was verwundert die Leute an dem Greis? Erzähle.

3 Wie findet ihr die Antwort des Greises? Begründet.

→ MK Aufg. 1 zu „Die Apfelbäume“

Wähle einen Text aus.

Wie kam die Kartoffel nach Deutschland?

Die Kartoffel stammt aus Südamerika. Dort wurde sie „papa“ genannt. Die Spanier brachten die Kartoffel im 16. Jahrhundert nach Europa. Zunächst diente sie nicht als Nahrung. Vielmehr wurden ihre schönen weiß-lila Blüten geschätzt. Im 17. Jahrhundert kam die Kartoffel zu uns. Besonders der Preußenkönig Friedrich der Große setzte sich für ihren Anbau ein. Er erließ 1756 den „Kartoffelbefehl“. Jeder Bauer musste Kartoffeln anbauen.

nach Hans Misdorf

Wie kam die Kartoffel nach Deutschland?

Die Kartoffel stammt aus Südamerika. Dort wurde sie „papa“ genannt. Das heißt „Knolle“. Die Spanier brachten die Kartoffel im 16. Jahrhundert nach Europa. Zunächst dachte aber niemand daran, sie zu essen. Vielmehr erfreuten sich Botaniker an ihren schönen weiß-lila Blüten. Im 17. Jahrhundert kam die Kartoffel zu uns. Besonders der Preußenkönig Friedrich der Große setzte sich für den Anbau der Kartoffel ein. Die Bauern in Preußen wehrten sich zunächst gegen den Kartoffelanbau. Deshalb erließ Friedrich der Große 1756 den „Kartoffelbefehl“. Jeder Bauer musste unter Androhung von Strafe Kartoffeln anbauen.

nach Hans Misdorf

Wie kam die Kartoffel nach Deutschland?

Die Kartoffel stammt aus Südamerika. Die Inkas haben sie in den Anden noch in 3 000 und 4 000 m Höhe auf den dortigen schlechten Böden angebaut, wo kein Mais mehr wuchs. Sie nannten sie „papa“, das heißt „Knolle“. Die Spanier brachten die Kartoffel im 16. Jahrhundert nach Europa. Aber zunächst dachte man nicht daran, sie zu essen. Vielmehr hielt man sie wegen ihrer schönen weiß-lila Blüten in den Gärten von Botanikern und Fürsten als seltene Kostbarkeit. Im 17. Jahrhundert kam die Kartoffel zu uns. Um ihre Verbreitung hier hat sich besonders der Preußenkönig Friedrich der Große im 18. Jahrhundert verdient gemacht. Die Bauern in Preußen wehrten sich anfangs allerdings gegen den Anbau der Kartoffel. Vermutlich probierten sie zunächst die aus den Blüten entstandenen, wie kleine grüne Tomaten aussehenden, ungenießbaren Früchte. Auch die Kartoffelknollen aus der Erde schmeckten ihnen ungekocht nicht. Sogar die Hunde wollten sie nicht fressen. Und eine Pflanze, die über der Erde (leicht) giftig war, sollte in der Erde ungiftig sein? Die Deutschen kennen bis heute das Sprichwort: „Was der Bauer nicht kennt, frisst er nicht.“ Deshalb erließ Friedrich der Große 1756 den „Kartoffelbefehl“: Jeder Bauer musste unter Androhung von Strafe Kartoffeln anbauen.

Hans Misdorf

1 Wann kam die Kartoffel zu uns? Lies nicht den ganzen Text, sondern finde nur die Antwort zu der Frage.

2 Was war der „Kartoffelbefehl“? Erkläre mit eigenen Worten.

3 Ein anderer Name für Kartoffel ist „Erdapfel“. Wie könnte er entstanden sein? Begründe.

Der Bauer und der Teufel

Es war einmal ein kluges Bäuerlein. Es hatte seinen Acker bestellt und wollte heimfahren. Da sah es auf seinem Acker einen Haufen feuriger Kohlen. Obenauf saß ein kleiner, schwarzer Teufel. Das Bäuerlein fragte: „Du sitzt wohl auf einem Schatz?“ Der Teufel antwortete: „Jawohl.“ Das Bäuerlein sprach: „Der Schatz liegt auf meinem Feld. Deshalb gehört er mir.“ Der Teufel antwortete: „Gib mir zwei Jahre lang die Hälfte von dem, was auf deinem Acker wächst. Dann ist er dein.“ Das Bäuerlein war mit dem Vorschlag einverstanden: „Damit wir uns aber nicht streiten, bekommst du, was über der Erde ist, und ich, was unter der Erde ist.“ Das listige Bäuerlein hatte aber Rüben gesät. Als der Teufel ernten wollte, fand er nur gelbe Blätter. Das Bäuerlein grub vergnügt seine Rüben aus. Der Teufel sprach missvergnügt: „Das nächste Mal ist dein, was über der Erde ist, und mein, was darunter ist.“ Das kluge Bäuerlein säte dieses Mal jedoch Weizen. Zur Erntezeit schnitt das Bäuerlein die vollen Halme bis zur Erde ab. Der Teufel musste sich mit den Stoppeln begnügen. Vor Wut fuhr er in eine Felsenschlucht hinab. Das Bäuerlein sprach: „So muss man die Füchse prellen“, und holte sich den Schatz.

nach den Brüdern Grimm

Der Bauer und der Teufel

Es war einmal ein kluges und verschmitztes Bäuerlein. Viele Streiche wären von ihm zu erzählen. Der schönste Streich ist aber der, wie er den Teufel zum Narren gehalten hat. Das Bäuerlein hatte eines Tages seinen Acker bestellt und wollte heimfahren. Da erblickte es auf seinem Acker einen Haufen feuriger Kohlen. Oben auf der Glut saß ein kleiner, schwarzer Teufel. „Du sitzt wohl auf einem Schatz?“, sprach das Bäuerlein. „Jawohl“, antwortete der Teufel. „Der Schatz liegt auf meinem Feld und gehört mir“, sprach das Bäuerlein. „Er gehört dir“, antwortete der Teufel, „wenn du mir zwei Jahre lang die Hälfte von dem gibst, was dein Acker hervorbringt.“ Das Bäuerlein ging auf den Handel ein. „Damit wir bei der Teilung nicht streiten, soll dir gehören, was über der Erde ist, und mir, was unter der Erde ist.“ Dem Teufel gefiel der Vorschlag. Aber das listige Bäuerlein hatte Rüben gesät. Als die Zeit der Ernte kam, erschien der Teufel. Was fand er? Nur gelbe, welke Blätter. Das Bäuerlein grub vergnügt seine Rüben aus. Der Teufel sprach missvergnügt: „Einmal hast du den Vorteil gehabt. Das nächste Mal ist dein, was über der Erde wächst, und mein, was unter der Erde ist.“ Aber das Bäuerlein säte nicht wieder Rüben, sondern Weizen. Zur Erntezeit ging das Bäuerlein auf den Acker und schnitt die Halme bis zur Erde ab. Als der Teufel kam, fand er nichts als die Stoppeln. Er fuhr wütend in eine Felsenschlucht hinab. „So muss man die Füchse prellen“, sprach das Bäuerlein und holte sich den Schatz.

nach den Brüdern Grimm

Der Bauer und der Teufel

Es war einmal ein kluges und verschmitztes Bäuerlein, von dessen Streichen viel zu erzählen wäre; die schönste Geschichte ist aber doch, wie er den Teufel einmal drangekriegt und zum Narren gehabt hat. Das Bäuerlein hatte eines Tages seinen Acker bestellt und rüstete sich zur Heimfahrt, als die Dämmerung schon eingetreten war. Da erblickte er mitten auf seinem Acker einen Haufen feuriger Kohlen, und als er voll Verwunderung hinzuging, so saß oben auf der Glut ein kleiner, schwarzer Teufel. „Du sitzest wohl auf einem Schatz?“, sprach das Bäuerlein. „Jawohl“, antwortete der Teufel, „auf einem Schatz, der mehr Gold und Silber enthält, als du dein Lebtag gesehen hast.“ „Der Schatz liegt auf meinem Feld und gehört mir“, sprach das Bäuerlein. „Er ist dein“, antwortete der Teufel, „wenn du mir zwei Jahre lang die Hälfte von dem gibst, was dein Acker hervorbringt: Geld habe ich genug, aber ich trage Verlangen nach den Früchten der Erde.“ Das Bäuerlein ging auf den Handel ein. „Damit aber kein Streit bei der Teilung entsteht“, sprach es, „so soll dir gehören, was über der Erde ist, und mir, was unter der Erde ist.“ Dem Teufel gefiel das wohl, aber das listige Bäuerlein hatte Rüben gesät. Als nun die Zeit der Ernte kam, so erschien der Teufel und wollte seine Frucht holen, er fand aber nichts als die gelben welken Blätter, und das Bäuerlein, ganz vergnügt, grub seine Rüben aus.

„Einmal hast du den Vorteil gehabt“, sprach der Teufel, „aber für das nächste Mal soll das nicht gelten. Dein ist, was über der Erde wächst, und mein, was darunter ist.“ „Mir auch recht“, antwortete das Bäuerlein. Als aber die Zeit der Aussaat kam, säte das Bäuerlein nicht wieder Rüben, sondern Weizen. Die Frucht ward reif, das Bäuerlein ging auf den Acker und schnitt die vollen Halme bis zur Erde ab. Als der Teufel kam, fand er nichts als die Stoppeln und fuhr wütend in eine Felsenschlucht hinab. „So muss man die Füchse prellen“, sprach das Bäuerlein, ging hin und holte sich den Schatz.

Brüder Grimm

1. Welche Bedingungen stellt der Teufel? Finde die Zeilen.
2. Wie überlistet der Bauer den Teufel? Erzähle mit eigenen Worten.
3. Woran kannst du erkennen, dass „Der Bauer und der Teufel“ ein Märchen ist? Erkläre. → S. 57
4. „So muss man die Füchse prellen.“ Was meint der Bauer damit? Erklärt.

Du kannst deine Folie benutzen.

Kein Baum zum Fest

1 Hier verdecken Kleckse die Buchstaben ä, ö und ü.
Finde die verborgenen Buchstaben und lies die Wörter richtig.

der Holzfäller	schwerh_rig	_ffnen
die B_hne	gef_lligst	h_bsch
gest_rt	ersp_hen	fl_chten

2 Finde Reimwörter. Schreibe sie in dein Heft.

schlagen	Truhe	spalten	Wetten
fr agen	_uhe	_alten	_etten
_agen	_uhe	_alten	_etten

3 Lies genau und ordne zu.
Schreibe den Text mit den richtigen Antworten in dein Heft.

Heute ist Mittwoch.

Vorgestern ...	... war Dienstag.
Gestern ...	... ist Freitag.
Morgen ...	... war Montag.
Übermorgen ...	... ist Donnerstag.

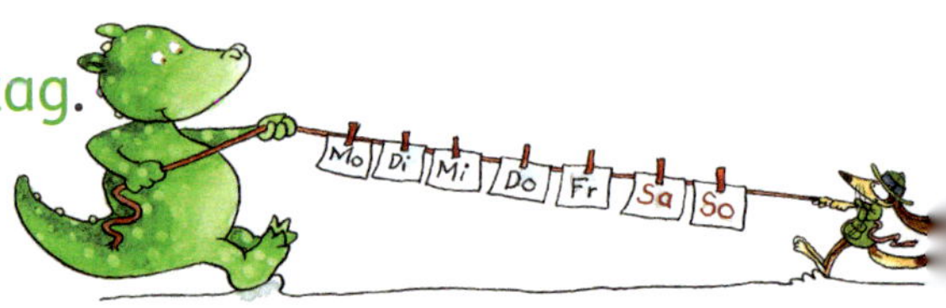

→ Lese- & Sprachförderung zur Vorentlastung & Vorbereitung auf den Text S. 68/69

Du kannst deine Folie benutzen.

4 Lies die Namen der Figuren.

der Holzfäller — die traurige Tanne — die kichernde Kiefer

die alte Eiche — die kleine Waldmaus — die schwerhörige Eule

5 Was ist das Besondere an den Figuren? Lies genau und finde die Antworten.

Die schwerhörige Eule	ist oft sehr unglücklich.
Die traurige Tanne	hat schon sehr viel erlebt.
Die kichernde Kiefer	versteht oft etwas falsch.
Die alte Eiche	schüttelt sich vor Lachen.

6 Lest den Text mit verteilten Rollen. Ihr braucht drei Kinder.
Beachtet beim Lesen auch die Anweisungen in den Klammern.

Figuren: traurige Tanne, schwerhörige Eule, kleine Waldmaus

Tanne: *(ruft verzweifelt)* Hilfe! Meine Freunde, helft mir!
Waldmaus: *(besorgt)* Was ist denn passiert?
Tanne: Der Holzfäller will kommen und mich abhacken.
Eule: *(verwirrt)* Warum will er dich verpacken?
Tanne: *(immer noch verzweifelt)* Nicht verpacken, abhacken. Er will mich in sein Haus holen.
Eule: Warum will er dich versohlen?
Waldmaus: *(verärgert)* Jetzt sei doch mal still, Eule! Wir brauchen Hilfe. Wir müssen der alten Eiche und der kichernden Kiefer Bescheid sagen.
Eule: Warum sollte die Kiefer ein Kleid tragen?
Waldmaus: Still jetzt. Hör zu, Tanne, ich habe einen Plan ...

Rabea Scholz

Kein Baum zum Fest

1. Szene: Der Holzfäller im Wald

Figuren: Holzfäller, alte Eiche, kichernde Kiefer, traurige Tanne

(Die Bäume schlafen auf der Bühne. Der Holzfäller kommt singend dazu.)

Holzfäller: Heute hack ich, morgen bau ich, übermorgen hol ich der Liebsten einen Baum ... *(zupft an der traurigen Tanne)*

Tanne: *(öffnet langsam ein Auge und sieht den Holzfäller angewidert an)*

Holzfäller: Was bist du doch für eine Hübsche! Na, mein Liebchen, du kommst übermorgen zum Fest zu uns. Wie gefällt dir das?

Tanne: *(schüttelt sich entsetzt)*

Kiefer: *(sieht das und kichert. Ihre Zapfen regnen auf den Holzfäller herab.)*

Holzfäller: Au, verflixt! Was ist denn das für ein Sturm auf einmal? Schnell nach Haus. Heute hack ich, morgen bau ich ... *(Er geht.)*

2. Szene: Beratung im Wald

Figuren: traurige Tanne, alte Eiche, kichernde Kiefer, schwerhörige Eule, kleine Waldmaus

Tanne: *(weinend)* Zum Fest will er mich aus dem Wald zerren!

Eule: Einsperren? Wo will er dich einsperren?

Eiche: Also, als ich jung war, da gab es mal ein wunderschönes Fest –

Waldmaus: Jetzt aber Ruhe, ihr zwei! Wir brauchen einen Plan.

Kiefer: *(kichert, sodass ein Zapfen auf die Waldmaus herabfällt)*

Waldmaus: Au, was soll das? Hör gefälligst auf zu lachen!

Eule: Wo sind die Wachen?

Eiche: Also, als ich jung war, da kam mal eine Wache in meinen Wald –

Tanne: *(laut heulend)* Übermorgen! Hilft mir denn niemand?

Waldmaus: Zum Donnerwetter noch mal, Ruhe! *(Die Tiere und Bäume verstummen erschrocken.)*

Eule: *(flüsternd)* Was für eine Truhe?

Waldmaus: Wir werden dich retten, traurige Tanne. Ich habe schon einen Plan. Alte Eiche, wenn der Holzfäller in den Wald kommt, dann wirst du ihm mit deinen Wurzeln den Weg versperren und ihn festhalten.

Eule: Sie soll ihn zerspalten?

Eiche: Also, als ich jung war, da hatte ich wunderschöne, zarte Wurzeln –

Waldmaus: Dann kommst du dran, kichernde Kiefer. Du wirst deine Zapfen auf ihn herabregnen lassen und ihn in die Flucht schlagen.

Eule: Sie soll eine Frucht tragen?

Kiefer: So hier? (*kichert und lässt ihre Zapfen regnen*)

Waldmaus: Doch nicht jetzt, zum Donnerwetter! Schwerhörige Eule, du bist besonders wichtig. Du wirst den Holzfäller aus dem Wald jagen.

Eule: Ich werde ihn in den Spalt tragen!

Tanne: (*schluchzend*) Und ich? Soll ich denn tatenlos zusehen?

Waldmaus: Hab Vertrauen, meine Gute. Wir werden dich retten.

Eiche: Also, als ich jung war, da musste ich einmal eine Prinzessin retten –

Eule: Betten?

3. Szene: Der Festtag

Figuren: Holzfäller, traurige Tanne, kleine Waldmaus, alte Eiche, schwerhörige Eule, kichernde Kiefer

(Die Bäume und Tiere sind auf der Bühne. Der Holzfäller kommt dazu.)

Holzfäller: (*singend*) Einmal hack ich, einmal bau ich, heute hole ich der Liebsten ihren Baum ... Ah, da steht sie ja, das Prachtstück!

Tanne: (*fängt vor Angst an zu weinen*) Hilfe! Helft mir doch!

Waldmaus: Jetzt, Freunde!

Eiche: (*stellt dem Holzfäller mit ihrer Wurzel ein Bein, sodass er stolpert*)

Holzfäller: Au, verflixt! Da brat mir doch einer einen Storch!

Eule: Hört ihr das? Er sagte: „Horch!“

Kiefer: Ich geb’s dir, du Holzfäller, du! (*kichert, die Zapfen regnen*)

Holzfäller: Zum Himmel, was geht hier vor?

Eule: (*flattert hinter dem Holzfäller her und jagt ihn fort*) Schuhu!

Holzfäller: (*flüchtet schreiend vor der Eule zum Waldrand*)

Tanne: (*nicht mehr weinend*) Vielen Dank, Freunde!

Eiche: Also, als ich jung war –

Alle anderen: (*im Chor*) Ja, wir wissen es: Da hattest du auch mal Freunde.

Rabea Scholz

1. Worum geht es in dem Theaterstück? Erzähle mit eigenen Worten.
2. Woran erkennst du, dass der Text ein Theaterstück ist? Erkläre.
3. Bildet Gruppen. Führt das Theaterstück auf. → S. 71

Ein Theaterstück spielen

Zwei Kamele

Figuren: Papa-Kamel, Baby-Kamel

(Auf der Bühne stehen Baby-Kamel und Papa-Kamel und grasen.)

Baby-Kamel: *(wackelt mit den Höckern)* Du, Papa?

Papa-Kamel: Ja, mein Kleines?

Baby-Kamel: Warum haben wir eigentlich Höcker auf dem Rücken?

Papa-Kamel: Darin speichern wir unsere Nährstoffe. Wenn wir in der Wüste lange unterwegs sind und nichts zu essen finden, können wir so trotzdem überleben.

Baby-Kamel: Ach so. *(Die beiden grasen weiter. Nach einer Weile fängt das kleine Kamel heftig an zu blinzeln.)* Du, Papa?

Papa-Kamel: Ja, mein Kleines?

Baby-Kamel: Warum haben wir eigentlich so lange Wimpern?

Papa-Kamel: Die brauchen wir, damit uns bei einem Sandsturm in der Wüste nicht der Sand in die Augen fliegt.

Baby-Kamel: Ach so. *(Die beiden schweigen wieder eine Zeit. Nach einer Weile hebt das kleine Kamel die Vorderhufe.)* Du, Papa?

Papa-Kamel: Ja, mein Kleines?

Baby-Kamel: Warum haben wir eigentlich keine Füße, sondern Hufe?

Papa-Kamel: Die brauchen wir, damit wir in der Wüste durch den tiefen Sand laufen können.

Baby-Kamel: Ach so. *(Beide schweigen eine Weile. Nach einer Weile legt das kleine Kamel fragend den Kopf schief.)* Du, Papa?

Papa-Kamel: Ja, mein Kleines?

Baby-Kamel: Du hast doch gesagt, wir brauchen unsere Höcker, unsere Wimpern und unsere Hufe für das Leben in der Wüste.

Papa-Kamel: Richtig, mein Schatz.

Baby-Kamel: Und warum sind wir dann im Zoo?

Rabea Scholz

So kannst du ein Theaterstück spielen

1 Lest den Text mehrmals.
Gebt den Text dann mit eigenen Worten wieder.

2 Überlegt gemeinsam:
- Welche Rollen sind zu besetzen?
- Welche Requisiten (Gegenstände) und Kostüme braucht ihr?
- Wie soll das Bühnenbild aussehen?

3 Verteilt die Aufgaben.
Regisseur: Du bist für das Stück verantwortlich und probst mit den Darstellern. Du gibst ihnen wichtige Rückmeldungen und ermutigst sie, frei zu spielen.

Darsteller: Du übst, deinen Text ausdrucksstark zu lesen. Überlege dir auch passende Gesten und Bewegungen. Lerne dann deinen Text auswendig. Übe den Text vor einem Spiegel.

Requisiteur und **Bühnenbildner**: Ihr besorgt, bastelt oder näht alle Gegenstände und Kostüme, die ihr für das Stück braucht. Sprecht euch mit den Darstellern und dem Regisseur ab.

4 Jetzt könnt ihr das Stück vor Publikum aufführen.
Denkt daran, euch am Ende zu verbeugen.
Der Applaus belohnt euch für eure Arbeit.

Bei uns und anderswo

Das Fremde

Das Fremde bleibt so lange fremd
bis es begrüßt, berührt, erkennt:
ich hab' dich gern, du hast mich gern
wir leben auf dem gleichen Stern

Das Fremde bleibt so lange fremd
bis es begrüßt, berührt, erkennt:
du bist nicht fremd, du bist vertraut
Gefühle werden aufgetaut

Das Fremde bleibt so lange fremd
bis es begrüßt, berührt, erkennt:
das Anderssein ist interessant
probieren wir's, nimm meine Hand

Erwin Grosche

1. Der Dichter hat sich nicht an die Rechtschreibregeln gehalten. Kannst du erkennen, wo? Lies genau und überlege.
2. Was könnte das Wort „fremd" bedeuten? Erkläre.

Menschen

Stell dir nur vor, wie entsetzlich langweilig
unsere Welt wäre, wenn alle gleich aussähen,
das Gleiche essen, denken, anziehen
und sich gleich verhalten würden.
Ist es nicht wunderbar,
dass jeder Einzelne von uns
anders ist als irgendein Anderer?

Peter Spier

1. Was kann alles gleich sein? Lies nach.
2. Fändet ihr es besser oder schlechter, wenn alle Menschen gleich wären? Begründet.

Dialog

„Du redest so gut Deutsch.
Wo kommst du denn her?“
„Aus Hamburg.“
„Wieso? Du siehst aber nicht so aus?“
„Wie sehe ich denn aus?“
„Na ja, so schwarzhaarig und dunkel ...“
„Na und?“
„Wo bist du denn geboren?“
„In Hamburg.“
„Und dein Vater?“
„In Hamburg.“
„Deine Mutter?“
„Im Iran.“
„Da haben wir’s.“
„Was denn?“
„Dass du keine Deutsche bist!“
„Wer sagt das?“
„Na ich!“
„Warum?“
„Weiß ich auch nicht ...“

Nasrin Siege

1. „Da haben wir’s. ... Dass du keine Deutsche bist!“ Wie kommt es zu dieser Äußerung? Erzähle.
2. Gib dem Text eine andere Überschrift. Erkläre.
3. Warum heißt es am Ende des Dialogs „Weiß ich auch nicht ...“? Begründet eure Meinungen.

An die Kinder

... Liebe Kinder! Ich bin in Venedig in einer Gondel geschwommen. Sie ist lang und schmal, vorn und hinten spitz. Sie hat vier Sitze. Der Gondelier steht hinten auf der Gondel. Er lenkt sie so geschickt mit seinem Ruder, dass man sich wie in einer Wiege fühlt. Ich sehe von der Gondel aus große Paläste und fahre unter Brücken hindurch. Venedig ist eine sonderbare Stadt, mitten im Wasser. Es ist mir lieb, dass ich sie gesehen habe.

nach Johann Gottfried Herder

Lies mit einem Partner. → S. 5

An die Kinder

... Liebe Kinder! Nun bin ich in einer Gondel auf Venedigs Wasserstraßen geschwommen. Sie ist lang und schmal, vorn und hinten spitz und sieht wie ein Frauenpantoffel aus. Der Gondelier steht hinten drauf. Er lenkt die Gondel mit seinem Ruder mit viel Geschick. Ich fühle mich wie in einer Wiege. Von der Gondel aus sehe ich auf beiden Seiten große Paläste und fahre unter Brücken hindurch. In der Gondel sitzen die Damen mit ihren Herren drin. Sie haben es zehnmal besser, als wenn sie in den Kutschen gerüttelt würden. Venedig ist eine sonderbare Stadt mitten im Wasser. Es ist mir lieb, dass ich sie gesehen habe.

nach Johann Gottfried Herder

Der Gondelier oder Gondoliere steuert die Gondel.

An die Kinder

... Liebe Kinder! Nun bin ich in solch einem kleinen schwarzen Hause geschwommen, das man eine Gondel nennt. Es ist lang und schmal, vorn und hinten spitz und sieht wie ein Frauenpantoffel aus; das viereckige Kämmerchen darauf mit vier Sitzen ist mit schwarzem Tuch beschlagen, so wie auch die Gondel schwarz ist. Der Gondelier steht hinten auf und lenkt die Gondel mit seinem Ruder so geschickt, dass man es kaum denken kann, wenn man's nicht gesehen hat. Man schwimmt dicht an den Wellen so sanft wie in einer Wiege und sieht an beiden Seiten große, hohe Paläste, einer dicht am andern; unter den Brücken fährt man durch; zwischen Gondeln, Schiffen, Barken fährt man wie auf einem Pfeil hin, dass im größten Gedränge eine Gondel die andere kaum berührt. In manchen ziemlich engen Kanälen gehen drei Gondeln nebeneinander so schnell vorbei, als ob man aneinander vorbeiflöge. Die Damen sitzen mit ihren Herren drin, und sie haben es zehnmal bequemer, als wenn sie in den Kutschen gerüttelt würden. In Venedig sind keine Kutschen, alles wiegt sich in Gondeln, was nicht über die Brücken Trepp' auf und ab laufen will. Es ist eine sonderbare Stadt, die gleichsam aus der See emporsteigt, voll Gedränges von Menschen, voll Fleiß und Betrügerei. Es ist mir lieb, dass ich sie gesehen habe.

Johann Gottfried Herder

1. Wie beschreibt Johann Gottfried Herder die Gondeln? Lies nach.
2. Was ist das Besondere an Venedig? Erkläre.
3. Warum schreibt Johann Gottfried Herder zum Schluss: „Es ist mir lieb, dass ich sie gesehen habe."? Begründet.

Ungewöhnliche Schulwege

Papua-Neuguinea

Mary-Sisa ist die Einzige in ihrer Familie, die zur Schule geht. Ihre Geschwister sind noch zu klein. Es ist gar nicht so einfach, in die Regenwald-Schule zu gelangen! Straßen gibt es in dieser Gegend nicht. Die Trampelpfade im Dschungel sind wegen der steilen Abhänge und Flüsse zu gefährlich. Der einfachste und schnellste Weg ist deshalb ein kleiner Fluss. Mary-Sisas Vater hat ihnen ein Kanu selbst gebaut. Damit paddelt das Mädchen mit ihren Mitschülerinnen und Mitschülern fast eine Stunde lang auf dem Fluss. Dann müssen sie noch kurz zu Fuß durch den Urwald gehen.

nach Lena Schaffer

Argentinien

Valentina und Manuel leben auf einer großen Rinderfarm mit ihren Eltern. Auf der Farm lernen die Kinder bereits früh den Umgang mit Pferden. Valentina ist schon so sattelfest, dass sie zur Schule reiten und sogar ihren kleinen Bruder mit aufs Pferd nehmen darf. Der geht erst in die Vorschule und ist noch zu klein für ein eigenes Pferd. Das ist für die beiden natürlich jeden Morgen ein kleines Abenteuer. In der freien Natur brauchen sie nicht auf Ampeln oder Zebrastreifen zu achten. Dafür müssen sie manchmal einer Rinderherde ausweichen, die über die Pampa trottet. Hier gibt es eben viel mehr Kühe als Menschen!

nach Lena Schaffer

Kenia

Nicht immer ist eine Schule in der Nähe, und nicht alle Kinder gehen zum Lernen zum Unterricht. Manche lernen alles Wichtige für ihr Leben von ihren Eltern oder den Großeltern: wo die Wasserplätze zu finden sind, wie man Kühe und Ziegen melkt und wie man sich vor wilden Tieren schützt.

Da die Schule der Kindiki-Kinder im Nachbardorf ist, sollen alle ihre Kinder zur Schule gehen. Nach einem Frühstück aus Maisbrei, Kochbananen und Tee machen sich die drei älteren Geschwister Jamila, Safiya und Zahir morgens in ihrer Schuluniform gemeinsam auf den Weg.

Sie müssen fast eine Stunde zu Fuß durch die staubige Savanne marschieren. Bei der Hitze ist das ganz schön anstrengend. So kommen sie schon ein bisschen müde an. Die Nachbarjungen haben es leichter: Sie besitzen ein Fahrrad, aber da es hier auf dem Land keine asphaltierten Straßen gibt, kommen sie auch nicht besonders schnell voran.

Während des ganzen Weges heißt es aufpassen, denn wilde Tiere sind auch tagsüber in der Savanne unterwegs.

Doch die Kinder haben von klein auf gelernt, Löwen, Hyänen und Elefanten aus dem Weg zu gehen.

Nach der morgendlichen Zusammenkunft aller Kinder beginnt der Unterricht.

Lena Schaffer

---

1 Wähle einen Text aus. In welchem Land gehen die Kinder zur Schule? Lies nach.

2 Wie kommt das Kind zur Schule? Erzähle.

3 Was ist das Besondere am Schulweg? Begründet.

4 Findet noch weitere interessante Schulwege. Forscht nach.
Ihr könnt auch ein Plakat dazu gestalten.

→ MK Aufg. 4

Brot bei uns und in anderen Ländern

Brot in Deutschland

In Deutschland gibt es verschiedene helle und dunkle Brotsorten. Weizen, Hafer, Roggen, Gerste und Dinkel eignen sich für die Brotherstellung. Roggenbrot, Mischbrot, Mehrkornbrot, Vollkornbrot, Schwarzbrot oder Weizenbrot werden bei uns häufig gegessen. Besonders gut schmeckt das Brot, wenn es im Steinofen oder im Holzofen gebacken wird. Jeder Mensch in Deutschland isst in einem Jahr ungefähr 85 Kilogramm Brot.

nach Stefanie Erdmann

Brot in der Türkei

Fladenbrote kennt man fast in allen Teilen dieser Erde. Wie das Brot gebacken wird und welche Zutaten verwendet werden, variiert von Region zu Region. Jede Region und auch jede Bäckerei scheint ein Geheimrezept zu haben, das von Generation zu Generation weitergegeben wurde. Einen besonderen Wert legen die Bäckereien auf die Frische. Deshalb backen sie einige Arten von Fladenbrot dreimal täglich – zum Frühstück, zu Mittag und zum Abend. Zu diesen Zeiten trifft man auf Warteschlangen, die bis vor das Geschäft führen. Eine türkische Art von Fladenbrot heißt „Yufka“ und wird aus Mehl, Salz und Wasser gemacht. Dieses Fladenbrot ist sehr dünn, da der Teig des Brotes nicht aufgeht. Somit besteht es nur aus einer Ober- und einer Unterseite. Auch für die Zubereitung eines türkischen Dürüms verwendet man Yufka.

Anne Hopf

Brot in Schweden

Das Knäckebrot stammt aus Schweden. Knäckebrot ist sehr dünn und knusprig. „Knäcka“ heißt übersetzt „brechen“. Es besteht aus Mehl, etwas Salz und sehr wenig Wasser. Es wird sehr kurz und heiß gebacken und anschließend getrocknet. Dadurch ist es sehr lange haltbar und kann gut auf Vorrat gebacken werden.

nach Stefanie Erdmann

Brot in Frankreich

In Frankreich isst man gern Baguette. Baguette ist ein längliches Weißbrot, das eine knusprige Kruste hat. Dieses Brot wird aus Weizenmehl, Hefe, Salz und Wasser hergestellt. Fast jede Bäckerei in Frankreich hat ein eigenes Rezept für das Baguette. Meistens wird das Brot schräg in Scheiben geschnitten oder in Stücke gebrochen.

nach Stefanie Erdmann

Brot in Italien

In Italien isst man häufig Ciabatta. Ciabatta heißt übersetzt „Pantoffel“. Der Name hat seinen Ursprung darin, dass das Brot flach, breit und langgezogen ist und einem Hausschuh ähnelt. Oft würzen die Bäckereien ihr Brot mit Tomaten, Walnüssen, Oliven oder verschiedenen Kräutern.

nach Stefanie Erdmann

1. Wähle einen oder mehrere Texte aus. Finde wichtige Wörter.
2. Aus welchen Zutaten werden die Brote hergestellt? Erklärt.
3. Findet auf einem Globus oder auf einer Weltkarte die im Text genannten Länder.

Angekommen

1 Welche Wörter kannst du mit welchen Farben verbinden? Lies genau und überlege.

- orange
- beige
- violett
- türkis

2 Welches Land könnte gemeint sein? Lies genau und finde die Antwort.

Es gibt ein Land mit hohen Bergen.
Auf den Bergen liegt sogar im Sommer Schnee.
Der Name hört sich ähnlich an wie die Farbe Schwarz.

Schweden	Schweiz	Spanien

3 Was stimmt? Lies genau und finde die Antworten.

Äthiopien ist ein Land in Afrika. Dort wohnen viele Menschen.
Die meisten Menschen in Äthiopien haben eine braune Hautfarbe.
In Äthiopien können nicht alle Kinder zur Schule gehen.

1. Äthiopien liegt in Amerika.
2. In Äthiopien können nicht alle Kinder zur Schule gehen.
3. Viele Menschen in Äthiopien haben eine braune Hautfarbe.

→ Lese- & Sprachförderung zur Vorentlastung & Vorbereitung auf den Text S. 82/83

Du kannst deine Folie benutzen.

4 Welches Wort passt nicht in die Reihe? Lies genau.

Rot Grün Beige Gelb Geld Schwarz Orange Weiß

Englisch Deutsch Arabisch Spanisch Autobahn Türkisch

Deutschland Kenia Äthiopien Schwarz England Schweiz

5 Betrachte das Bild. Was stimmt? Finde die Fallen und lies die Sätze richtig.

Die Klasse 3a hat	Sportunterricht.
	Kunstunterricht.
Am Tisch sitzt das	Kätzchen.
	Mädchen Kidist.
Seine Haare sind	zart.
	schwarz.
Es malt ein	Brot.
	Bild von einem Pony.
Auf dem Tisch liegen viele	Spitzer.
	Stifte.
Das Mädchen kann schön	machen.
	malen.

auf der Grundlage von Hanna Schott

Angekommen

Kidist kommt aus einer kleinen Stadt in Äthiopien.

Als sie drei Jahre alt ist, stirbt ihr Vater. Als sie acht ist, stirbt ihre Mutter.

Jetzt soll ein Onkel für sie sorgen. Aber der Onkel hat selbst schon viele Kinder und kein Geld, um ein weiteres Kind zu ernähren.

Er gibt Kidist zu einer reichen Familie. Dort muss sie den ganzen Tag im Haushalt arbeiten, und sie darf nicht mehr zur Schule gehen.

Eines Tages reist die Familie nach Deutschland. Sie nimmt Kidist mit.

Kidist will nicht mehr arbeiten, sondern in Deutschland bleiben und zur Schule gehen.

Dann wird sie in einer Familie in Deutschland aufgenommen und kann endlich wieder in die Schule. Kidist sitzt in ihrer neuen Klasse und denkt nach:

Hautfarbe ist ein anderes Wort für beige. Das habe ich heute gelernt. Ich kann nämlich schon fast alle Farben auf Deutsch.

Rot, Blau und Grün konnte ich als Erstes, denn das sind fast dieselben Wörter wie auf Englisch, und ein bisschen Englisch habe ich schon gelernt.

Gelb und Schwarz sind ganz anders. Gelb und Geld ist so ähnlich, das verwechsle ich manchmal. Und Schwarz hört sich an wie das Land, wo wir eigentlich hinwollten. Dort soll es hohe Berge geben, auf denen sogar im Sommer Schnee liegt.

Beige ist ein komisches Wort, das sich auch noch seltsam schreibt.

Heute Morgen im Kunstunterricht ist es mir wieder nicht eingefallen. Deshalb hab ich zu Mia, die neben mir sitzt gesagt: „Bitte geben Stift … da!“, und hab auf den beigen Stift gezeigt.

„Das ist Hautfarbe“, hat Mia gesagt.

Hautfarbe?

Das ist vielleicht Mias Hautfarbe. Meine nicht. Ich wollte sowieso keinen Menschen malen, sondern ein Pony. Beige ist eine schöne Fellfarbe.

Einen Stift mit meiner Hautfarbe gibt es auch, aber die Farbe heißt nicht Hautfarbe, sondern Braun. Mit den Farben für Menschen ist das sowieso irgendwie falsch. Ich habe noch nie einen Weißen gesehen, der weiß ist. Jedenfalls nicht so weiß wie ein Blatt Papier. Trotzdem sagen die Hellen, dass sie Weiße sind. Und ich bin überhaupt nicht schwarz! Aber ich weiß, dass die meisten Leute sagen, wir sind Schwarze. Vielleicht meinen sie ja nur die Haare? Dann ist Mia eine Rote, und Herr Roth, der Schulleiter, ist der einzige richtige Weiße! Egal wie er heißt.

Hanna Schott

---

1. Aus welchem Land kommt Kidist? Lies nach.
2. Warum geht Kidist in Äthiopien nicht zur Schule? Erzähle.
3. Wieso benennt Kidist den beigen Stift nicht als Hautfarbe? Begründet.
4. Wie denkt ihr über die Aussage: „Mit den Farben für Menschen ist das sowieso irgendwie falsch.“? Tauscht euch aus.

Unsere Erde, unser Zuhause

Wie ist doch die Erde so schön

Wie ist doch die Erde so schön, so schön!
Das wissen die Vögelein:
Sie heben ihr leicht Gefieder
Und singen so fröhliche Lieder
In den blauen Himmel hinein.

Wie ist doch die Erde so schön, so schön!
Das wissen die Flüss' und Seen:
Sie malen im klaren Spiegel
Die Gärten und Städt' und Hügel
Und die Wolken, die drüber gehen!

Und Sänger und Maler wissen es
Und es wissen ander Leut'!
Und wer's nicht malt, der singt es,
Und wer's nicht singt, dem klingt es
In dem Herzen vor lauter Freud'!

Robert Reinick

1 Wer im Gedicht weiß, wie schön die Erde ist? Lies nach.

2 Welche Textstellen aus dem Gedicht findet ihr im Bild wieder? Erzählt.

3 Was bedeutet „Sie malen im klaren Spiegel"? Tauscht euch aus.

Die Erde

Ich weiß,
dass die Erde um die Sonne kreist,
dass die Erde manchmal bebt und
Lava spuckt
und kann doch mit beiden Beinen
fest auf der Erde stehen
oder auf der blanken Erde schlafen.
Wenn ich was Dummes gemacht habe,
möchte ich vor Scham in die Erde sinken.
Aber wenn ich glücklich bin,
habe ich den Himmel auf Erden.

Rosemarie Künzler-Behncke

Himmelschauen

Wenn ich in den Himmel schau,
ist er meistens himmelblau,
manchmal ist er dämmergrau,

manchmal ist er wolkenleer,
manchmal ist er regenschwer,
manchmal sieht man ihn nicht mehr,

manchmal ist er sternenklar,
manchmal weiß wie Engelshaar,
manchmal feuerrot sogar.

Aber immer ist er hier,
da, wo ich bin, über mir,
da, wo du bist, über dir.

Wolf Harrandt

1. Was weiß das Ich von der Erde? Lies nach.
2. Was bedeutet „den Himmel auf Erden haben“? Erkläre.
3. Wie zeigt sich der Himmel im Gedicht „Himmelschauen“? Finde passende Textstellen.
4. Vergleicht die Gedichte „Die Erde“ und „Himmelschauen“. Was fällt euch auf? Tauscht euch aus.

Die Wasserfall-Giganten

Die Wasserreichsten

Rund 18 Millionen Menschen bestaunen jedes Jahr den Anblick der Niagarafälle an der Grenze zwischen den USA und Kanada. Jede Sekunde wälzen sich hier rund 2 400 Kubikmeter Wasser in den Abgrund – so viel, wie in 17 000 voll gefüllte Badewannen passt.

Heiko Kammerhoff

Niagarafälle

1. Inga-Fälle (Demokratische Republik Kongo)
2. Boyomafälle (Demokratische Republik Kongo)
3. Mekongfälle (Laos)
4. Salto Pará (Venezuela)
5. Niagarafälle (USA/Kanada)

Die Höchsten

Als der US-amerikanische Abenteurer Jimmie Angel im Jahr 1933 über den schwer zugänglichen Regenwald Venezuelas flog, staunte er nicht schlecht, welch beeindruckender Wasserfall sich unter ihm auftat! Als Angel nach seiner Rückkehr von dem fast 1 000 Meter hohen Fall berichtete, wurde dieser nach seinem Entdecker benannt: Salto Ángel – „Angel-Fall“.

Heiko Kammerhoff

1. Salto Ángel (Venezuela) 979 Meter
2. Tugela-Fälle (Südafrika) 948 Meter
3. Drei-Schwestern-Fälle (Peru) 914 Meter
4. Olo’upena-Fälle (USA, Hawaii) 900 Meter
5. Yumbilla (Peru) 896 Meter

Die Breitesten

Ein Teil der Grenze zwischen Argentinien und Brasilien ist wie ein Hufeisen geformt: der Abschnitt „Teufelsschlund“. Dabei ist der Anblick ganz und gar himmlisch! Als die Ehefrau eines früheren US-amerikanischen Präsidenten diesen einmal bewundern durfte, schnitt in ihrem Urteil sogar der tollste Sturz-Fluss aus der eigenen Heimat schlecht ab: „Die armen Niagarafälle!“, sagte sie.

Heiko Kammerhoff

1. Mekongfälle (Laos)
10 783 Meter
2. Salto Pará (Venezuela)
5 608 Meter
3. Kongou-Fälle (Gabun)
3 200 Meter
4. Iguazú-Fälle (Argentinien/ Brasilien) 2 682 Meter
5. Saltos del Moconá (Argentinien)
2 065 Meter

Die schönsten Wasserfälle bei uns

Zugegeben: Im Vergleich zu den amerikanischen oder asiatischen Wasserfällen sind die europäischen eine Nummer kleiner. Aber manche sind trotzdem prächtig anzuschauen. Unsere Ausflugstipps: die Triberger Wasserfälle im Schwarzwald in Deutschland, der Rheinfall bei Schaffhausen in der Schweiz und die Krimmler Wasserfälle im Salzburger Land in Österreich.

Heiko Kammerhoff

Triberger Wasserfälle

---

1 Wähle einen oder mehrere Texte aus. Welche Wörter liefern wichtige Informationen? Finde sie.

2 Nach welchen Eigenschaften werden die Wasserfälle verglichen? Tauscht euch aus.

3 Lest die Listen. Auf welchen Kontinenten befinden sich die meisten Wasserfall-Giganten? Legt eine Strichliste an.

→ MK Aufg. 3

Der Kreislauf des Wassers

Kleine Tropfen Wasser

Kleine Tropfen Wasser,
kleine Körner Sand,
machen große Meere,
machen schönes Land.

unbekannter Verfasser

Das Wasser

Vom Himmel fällt der Regen
Und macht die Erde nass,
Die Steine auf den Wegen,
Die Blumen und das Gras.

Die Sonne macht die Runde
In altgewohntem Lauf
Und saugt mit ihrem Munde
Das Wasser wieder auf!

Das Wasser steigt zum Himmel
Und wallt dort hin und her.
Da gibt es ein Gewimmel
Von Wolken, grau und schwer.

Das Wassertröpflein

Tröpflein muss zur Erde fallen,
muss das zarte Blümchen netzen,
muss mit Quellen weiter wallen,
muss das Fröschlein auch ergötzen,
muss im Bach die Mühle schlagen,
muss im Strom die Schiffe tragen.
Und wo wären denn die Meere,
wenn nicht erst das Tröpflein wäre.

unbekannter Verfasser

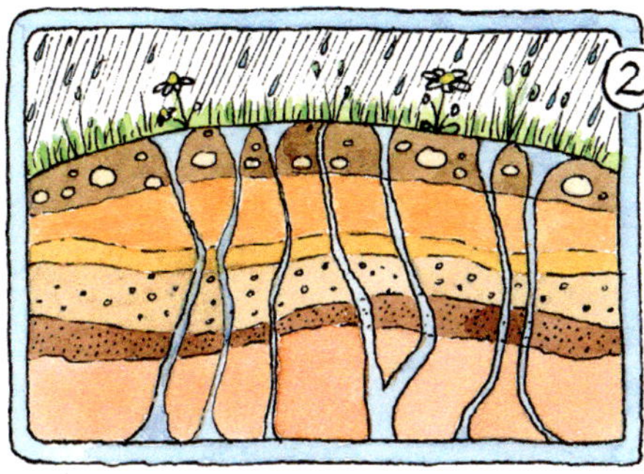

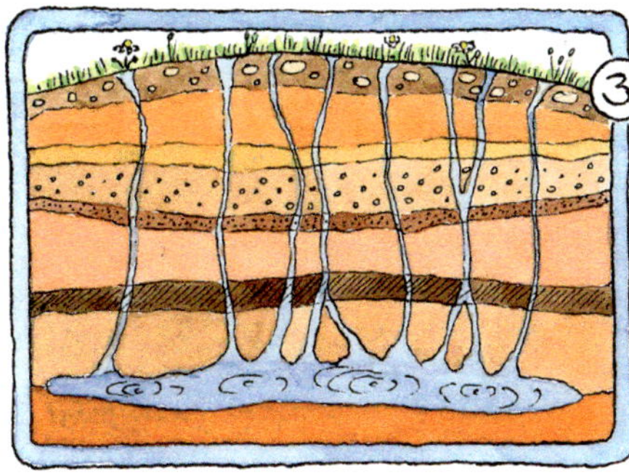

Die Wolken werden nasser
Und brechen auseinand',
Und wieder fällt das Wasser
Als Regen auf das Land.

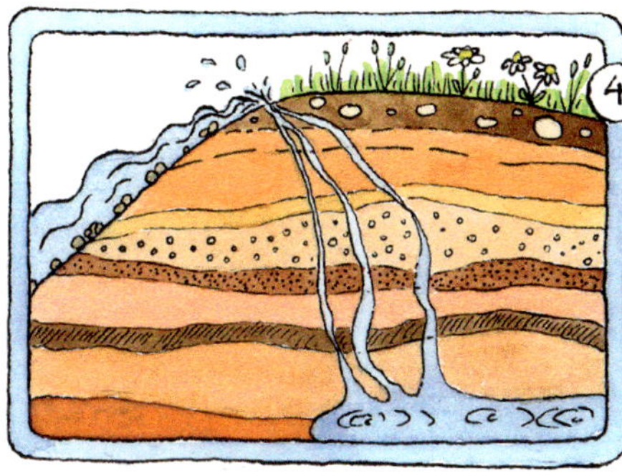

Der Regen fällt ins Freie,
Und wieder saugt das Licht,
Die Wolke wächst aufs Neue,
Bis dass sie wieder bricht.

So geht des Wassers Weise:
Es fällt, es steigt, es sinkt
In ewig-gleichem Kreise,
Und alles, alles trinkt.

James Krüss

1 Wähle ein Gedicht aus. Worum geht es? Erzähle mit eigenen Worten.

2 Vergleicht die Gedichte „Kleine Tropfen Wasser“, „Das Wasser“ und „Das Wassertröpflein“. Welche Gemeinsamkeiten und Unterschiede stellt ihr fest? Tauscht euch aus.

Vergebliche Rache

Ein kleiner Vogel baute sich am Meer ein Nest. Es war gerade Ebbe.
Die Flut kam bald und schwemmte alles weg.
Der kleine Vogel wurde böse. Er wollte sich am Meer rächen.
Sehr oft trug der kleine Vogel Tropfen Meerwasser zum Festland und Sand ins Meer. Er wollte das Meer austrocknen. Bald musste er sich ausruhen. Ein anderer Vogel kam herbei. Er hatte den kleinen Vogel beobachtet. Der andere Vogel sprach: „Das Meer ist unendlich. Du kannst es nicht austrocknen. Wende deinen Fleiß einem guten Ziel zu. Es wird sich lohnen.“
Der kleine Vogel befolgte die Worte. Er baute sich auf dem Festland ein Nest.

nach einem jüdischen Märchen

Vergebliche Rache

Ein kleiner Vogel lebte am Meer. Er beschloss, sich dort ein Nest zu bauen.
Der kleine Vogel machte sich an die Arbeit, als Ebbe war.
Er sammelte fleißig trockene Äste, Gräser und Federn.
Kaum hatte er alles zusammengetragen, schwemmte die Flut wieder alles weg.
Da wurde der kleine Vogel böse. Er schwor dem Meer Rache.
Unzählige Male trug der kleine Vogel in seinem Schnabel Tropfen Meerwasser zum Festland und Sand ins Meer. Er wollte das Meer austrocknen.
Bald war der Vogel müde. Er musste sich ein wenig ausruhen.
Ein anderer Vogel kam herbei. Er hatte den kleinen Vogel beobachtet.
Der andere Vogel sprach:
„Der Zorn ist ein schlechter Ratgeber. Du bist ein kleiner Vogel und das Meer ist unendlich. Du kannst das Meer nicht austrocknen. Wende deinen Fleiß einem guten Ziel zu. Es wird sich lohnen.“
Der kleine Vogel befolgte die klugen Worte. Er baute sich auf dem Festland ein Nest.

nach einem jüdischen Märchen

Vergebliche Rache

Ein kleiner Vogel, der am Meeresufer lebte, beschloss, sich ein Nest zu bauen. Während der Ebbe machte er sich an die Arbeit. Er sammelte fleißig trockene Ästchen, Gräser und Federchen, aber kaum hatte er alles zusammengetragen, als die Flut herankam und alles wegschwemmte. Da wurde der kleine Vogel böse und schwor dem Meer Rache. Und er tat, was er sich vorgenommen hatte. In sein Schnäbelchen nahm er einen Tropfen Meerwasser und flog damit zum Festland. Dort ließ er den Tropfen in den Sand fallen und pickte Sand in sein Schnäbelchen. Diesen Sand trug der kleine Vogel ins Meer. Unzählige Male wiederholte er diese vergebliche Mühe, denn er wollte aus Rache das Meer austrocknen. Bald aber war der kleine Vogel so müde, dass er ein wenig ruhen musste. Da kam ein anderer Vogel herbei, der ihn beobachtet hatte, und sagte: „Ich kann dich verstehen, dass du dem Meer zürnst, aber der Zorn ist ein schlechter Ratgeber. Du bist ein kleiner Vogel und das Meer ist unendlich. Nie kann es dir gelingen, es auszutrocknen. Wenn du aber deinen Fleiß einem guten Ziel zuwendest, wird es sich lohnen.“ Der kleine Vogel befolgte die klugen Worte und flog aufs Festland. Dort hatte er sich bald ein warmes Nest gebaut.

jüdisches Märchen

1. Wie will sich der kleine Vogel am Meer rächen? Finde passende Textstellen.
2. Welchen Rat erhält der kleine Vogel? Erzähle mit eigenen Worten.
3. Warum befolgt der kleine Vogel den Rat des anderen Vogels? Begründet.
4. Untersuche, ob „Vergebliche Rache“ Merkmale eines Märchens hat. → S. 57

Du kannst deine Folie benutzen.

Finn Flosse räumt das Meer auf

1 Ein Hund wird auch **Vier**beiner genannt.
Wie würdest du einen Menschen nennen?
Überlege.

2 Lies flüssig.

Flosse Schwanzflosse Flossenlänge	Riff Korallenriff Riffbewohner
Plastik Plastikmüll Plastikmüllstrudel	Hai Haifisch haifischscharf

3 Welche Wörter gehören zusammen? Lies genau und finde die richtige Antwort.

Diese drei Dinge gibt es im Ozean:

Diese drei Dinge kann ich
mit einer Kordel tun:

Riff

fädeln

Algen

knüpfen

verknoten

Strudel

→ Lese- & Sprachförderung zur Vorentlastung & Vorbereitung auf den Text S. 94/95

Du kannst deine Folie benutzen.

4 Lies flüssig.

Das Meer ist schmutzig.
Ein Müllstrudel bewegt sich auf das Riff zu.
Der Meerjunge räumt auf.
Die Meerkinder helfen mit.
Die Seepferdchen knüpfen aus Kordeln
ein Netz.
Die Wale halten die Kordeln mit ihren
Mäulern fest.

auf der Grundlage von Eva Plaputta

5 Was stimmt? Finde die Fallen und
lies die Sätze richtig.

Die Fische / Menschen werfen Plastikmüll ins Meer.
Die Menschen / Fische fressen aus Versehen den Plastikmüll.
Am Plastikmüll können die Fische spucken / sterben.
Das Plastik lässt sich / löst sich im Meer schnell auf.
Ich kann heilen / helfen, das Meer vor Plastikmüll zu schützen.

6 Was sehen Niko und Hugo im Wasser?
Finde die Zeilen.

Niko und Hugo sind am Meer.
Sie haben Ferien.
Nun gehen Niko und Hugo ins Wasser.
Sie wollen tauchen und Fische, Seepferdchen, Wale
und vielleicht Meerkinder beobachten.
Im Wasser sehen sie aber ganz viel Plastikmüll:
Tüten, Flaschen und viele andere Dinge.
Hilfe! Das Meer ist eine einzige Müllhalde.
Wer das wohl gewesen sein könnte?
Die Fische, Seepferdchen, Wale
und Meerkinder waren es nicht.
Niko und Hugo wollen das Meer aufräumen.
Ob die Fische, Seepferdchen, Wale
und Meerkinder mithelfen?

Finn Flosse räumt das Meer auf

Finn Flosse ist ein Meerjunge, der in einem Riff im Ozean lebt. Eines Tages entdeckt er beim Spielen eine Spur aus bunten Dingen im Wasser. Er folgt der Spur und findet ein ganzes Feld voller bunter Dinge. Dort schwimmen Fische umher, denen es schlecht geht. Finn lernt, dass es sich um Müll handelt, den die Zweibeiner ins Meer geworfen haben. Die Fische haben aus Versehen Müll gegessen und sind krank geworden. Finns Freund, der Wal Theo, berichtet, dass sich ein riesiger Müllstrudel auf das Riff zubewegt. Gemeinsam mit den anderen Riffbewohnern wollen sie sich wehren.

„Wie lautet dein Plan?“, fragte Theo. Alle schauten Finn erwartungsvoll an. Sein Herz pochte kräftig. „Also“, begann er. „Wir knüpfen ein großes, ein RICHTIG großes Algennetz! Damit fangen wir dann den Strudel und schaffen ihn weg!“ Dabei wies Finn in die Ferne.

Er hatte ein gutes Gefühl. Blitzschnell machten sich alle an die Arbeit. Währenddessen kamen immer mehr große und kleine Fische und sogar einige Meerkinder zu Hilfe geeilt. Die Fische sammelten Algen. Die Krabben zerschnitten alles, was ihnen zwischen ihre haifischscharfen Scheren kam, in lange Streifen. Die Seepferdchen fädelten die Algen geschickt zu riesigen Kordeln zusammen. Die Wale hielten die Kordeln mit ihren großen Mäulern fest. Und zu guter Letzt verknoteten die Seeschlangen die Algenkordeln zu einem stabilen Netz.

Die Gruppe der Helfer war inzwischen deutlich gewachsen, sodass das Algennetz rasch fertig wurde. Das war auch gut so, denn der Strudel war nur noch wenige Flossenlängen von ihnen entfernt. Fische, Wale, Krabben, Meerkinder – alle hielten das Netz mit ihrer ganzen Kraft fest.

„EINS – ZWEI – FESTHALTEN: DREIIIIIII!“, brüllte Finn.
Es war unglaublich!
Das Netz hielt den Strudel tatsächlich auf.
„Schnell! Wir müssen den Müll zur Küste ziehen!“, spornte Finn die Helfer an.
„LOOOOS!“

Und wieder setzte sich die fleißige Schar in Bewegung. Alle zogen, so kräftig sie nur konnten, am Netz. Die Meerkinder mit ihren Händen, die Fische mit ihren Mäulern und die Seeschlangen und Seepferdchen mit ihren Schwänzen. Es war fürchterlich anstrengend, den großen Strudel vom Fleck zu bewegen. Ob groß oder klein, jedes einzelne Meereswesen war nun unverzichtbar. Alle schlugen so heftig mit ihren Schwanzflossen, dass Hunderte, wenn nicht Tausende Blubberblasen aufstiegen. Durch das aufgewirbelte Wasser bildete sich eine große Welle, die den Plastikmüll-Strudel kräftig voranschubste. Fast hatten sie es geschafft! Schon sahen sie die Schatten vieler Schiffe – das konnte nur der Hafen sein. Bald würden sie das Netz loslassen müssen. Schließlich sollte der Plastikmüll an Land geschwemmt werden, und nicht sie.

„LOOOOSLAAASSEEEN!!!“, brüllte Finn, doch nicht allen wollte dies gleichzeitig gelingen! Wild durcheinander kullerten sie in ein Algenbeet hinein. Als sie sich wieder aufgerichtet hatten, konnten sie sehen, wie die riesige Welle weiter zum Hafen raste, den großen Haufen Plastikmüll mit sich reißend. Alles ging wahnsinnig schnell. Kurz vor dem Hafen brach sich die bunte Welle, und der ganze Plastikmüll verteilte sich zwischen den Schiffen. Ein paar Zweibeiner hatten sich versammelt und starrten sprachlos auf die bunten Gegenstände. Aus sicherer Entfernung schauten Theo und Finn zum Hafen hinüber. Beiden stand ein erleichtertes Grinsen im Gesicht.

Eva Plaputta

1. Warum zieht Finn Flosse den Plastikmüll aus dem Meer? Erzähle.
2. Was können wir tun, damit kein Plastik ins Meer gelangt? Forscht nach.
3. Schreibe zum Text einen Eintrag für dein Lesetagebuch. → S. 109, Aufgabe 5

→ MK Aufg. 2

Rätsel

Ich nahm es, und ich trug es,
ich trug's zum Tisch und schlug es,
ich schlug es auf und las,
was ich herauslas, ließ
ich gerne noch für andre drin,
doch ist's in mir jetzt immerhin.

Josef Guggenmos

1. Finde Reimwörter.
2. Was meint das Ich mit den Worten „ließ ich gerne noch für andre drin"? Erkläre.

Ich nahm das kleine Buch zur Hand.
Mir wurden die Augen groß,
weil alles ringsumher verschwand.
Und schon ging die Reise los.

Frantz Wittkamp

1. Worum geht es in dem Gedicht? Erzähle mit eigenen Worten.
2. Wobei hattest du schon einmal das Gefühl, dass alles ringsumher verschwand? Erzähle.

Handy-Liebe

Morgens bist du schon mein Wecker
Bist auch bei mir, wenn ich dann
An der Kasse steh beim Bäcker
Und nicht richtig rechnen kann

Kannst mich jederzeit bewachen
Sprichst mit mir, wenn alle schweigen
Kannst verrückte Fotos machen
Und sogar den Weg mir zeigen

Hilfst mir bei den Hausaufgaben
Kannst mir jede Antwort sagen
Dank dir bin ich nie allein
Ich will immer bei dir sein

Rabea Scholz

Stöpsel in den Ohren

Bist du das, der da dauernd spricht?
Was sagst du? Ich hör dich nicht.
Ich bin in meiner eignen Welt,
hab meinen Kopf auf stumm gestellt.
Deine Worte, die mich stören,
will ich heute gar nicht hören.
Hab deine Stimme eingefroren
mit meinen Stöpseln in den Ohren.
Wär gern an einem andern Ort
und die Musik, die trägt mich fort.

Rabea Scholz

1. Wähle ein Gedicht aus. Wovon handelt es? Erzähle.
2. Welche Vorteile und Nachteile haben elektronische Geräte? Tauscht euch aus.

→ MK Aufg. 2

Wähle einen Text aus.

Der unglaubliche Bücherfresser

Henry aß alle Bücher gerne. Seine absoluten Lieblingsbücher waren rot. Je mehr er aß, desto klüger wurde er. Und er wurde klüger als die Lehrer. Wenn er so weitermachte, würde er vielleicht der **klügste** Mensch der Welt. Also fraß er weiter ... Und das machte ihn **klüger** ... und **klüger**.
Bald fraß Henry drei oder vier Bücher gleichzeitig. Henry aß jedoch zu viel. Er aß auch zu schnell. Nun fühlte er sich krank. Er hatte nicht richtig verdaut. Einige Leute sagten zu ihm: „Hör auf mit dem Bücherfressen!“ Also gab Henry das Bücherfressen auf. Er saß lange traurig da. Dann nahm er ein angefressenes Buch ... öffnete es ... und begann zu lesen. Und es war **SO** gut. Henry entdeckte, wie schön Lesen ist.

Lies mit einem Partner. → S. 5

nach Oliver Jeffers

Der unglaubliche Bücherfresser

Henry aß alle Bücher gerne. Seine absoluten Lieblingsbücher waren rot. Er verschlang sie sehr schnell. Je mehr er aß, desto klüger wurde er. Und er war klüger als die Lehrer in seiner Schule. Wenn er so weitermachte, würde er vielleicht der **klügste** Mensch der Welt. Also fraß er weiter Bücher ... Und das machte ihn **klüger** ... und **klüger**. Bald fraß er drei oder vier Bücher gleichzeitig. Henry aß jedoch zu viele Bücher, und noch dazu viel zu schnell. Er verdaute nicht richtig und fühlte sich krank. Alles, was er lernte, geriet plötzlich durcheinander ... Einige Leute sagten zu ihm: „Hör auf mit dem Bücherfressen!“ Also gab Henry das Bücherfressen auf und saß lange traurig da. Dann nahm sich Henry ein angefressenes Buch vom Boden. Statt es sich in den Mund zu schieben ... öffnete Henry es ... und begann zu lesen. Und es war **SO** gut. Henry entdeckte, wie schön Lesen ist.

nach Oliver Jeffers

Der unglaubliche Bücherfresser

Henry aß alle Arten von Büchern gerne: Erzählungen, Wörterbücher, Atlanten, Witzbücher, Sachbücher, ja sogar Mathebücher. Aber seine absoluten Lieblinge waren rote Bücher. Er verschlang sie in einem rasenden Tempo. Und das Beste daran war: Je mehr er aß, desto klüger wurde er. In kurzer Zeit konnte er das Kreuzworträtsel seines Vaters in der Zeitung lösen. Und er war sogar klüger als die Lehrer in seiner Schule. Henry liebte es, klug zu sein. Wenn er so weitermachte – wer weiß –, vielleicht würde er dann ja sogar der **klügste** Mensch der Welt. Also machte er weiter mit dem Bücherfressen ... Und das machte ihn immer **klüger** ... und **klüger** ... und **klüger**. Bald schon schaffte er nicht nur ein Buch auf einmal, sondern drei oder vier. Bücher über jedes Thema. Henry war dabei nicht wählerisch, er wollte einfach alles wissen. Doch dann lief es nicht mehr ganz so gut. Um genau zu sein, es lief sehr, sehr schlecht. Henry aß zu viele Bücher, und noch dazu viel zu hastig. Er fing an, sich ein bisschen krank zu fühlen. Aber das Schlimmste war: Alles, was er lernte, geriet durcheinander ... Er hatte einfach keine Zeit, es richtig zu verdauen. Es wurde ziemlich peinlich für ihn, zu sprechen. Und auf einmal fühlte sich Henry überhaupt nicht mehr klug. Mehr und mehr Leute sagten zu ihm: „Hör auf mit dem Bücherfressen!“ Also gab Henry das Bücherfressen auf und saß lange nur traurig da. Was sollte er jetzt tun? Dann, nach einer Weile, nahm sich Henry ein angefressenes Buch vom Boden. Es war fast zufällig. Aber statt es sich in den Mund zu schieben ... öffnete Henry es ... und begann zu lesen. Und es war **SO** gut. Henry entdeckte, wie schön Lesen ist.

Oliver Jeffers

1 Welche Bücher isst Henry am liebsten? Lies nach.

2 Was passiert mit ihm, als er mehrere Bücher gleichzeitig isst? Erzähle.

3 Wie überwindet Henry seine Traurigkeit? Erklärt.

Jeder ist wichtig

Von der Idee zum Manuskript

Viele stellen sich den Beruf des **Schriftstellers*** so vor: Man nimmt Stift und Papier oder setzt sich an den Computer und denkt sich eine Geschichte aus. Aber so leicht ist das nicht. Immer wieder muss der geschriebene Text verbessert und geändert werden. So kann es sehr lange dauern, bis ein Manuskript fertig ist und an einen Verlag geschickt werden kann.

nach Hansgeorg Meyer

Das Manuskript wird bearbeitet

Die Mitarbeiter des Verlags, die **Redakteure***, lesen alle eingesandten Manuskripte. Deshalb werden sie auch **Lektoren** (lateinisch: Leser) genannt. Ihr Urteil ist für den Schriftsteller, aber auch für den Verleger sehr wichtig.

Der **Verleger** leitet den Verlag. Wenn er ein Buch drucken und verkaufen will, schließt er mit dem Schriftsteller einen Vertrag ab. Darin steht, wann und in welcher Auflagenhöhe (Menge) das Buch erscheint.

Der Verlag beauftragt einen **Illustrator**, wenn das Buch illustriert werden soll. Das Wort Illustration kommt aus der lateinischen Sprache; lustrare = hellmachen, beleuchten. Es ist ein sehr treffendes Wort, denn manches, was du im Text nicht verstehst, macht dir eine Zeichnung klar.

Der **Gestalter** (Layouter) entwirft, wie eine Buchseite aussehen soll, zum Beispiel wie Überschrift, Text und Illustrationen angeordnet werden.

nach Hansgeorg Meyer

Von der Herstellung zum Leser

Der **Hersteller*** hat alle Fäden der technischen Herstellung des Buches in der Hand. Er bestellt das Papier und organisiert, dass Gestalter, Illustratoren, Drucker und Buchbinder Hand in Hand arbeiten, damit das Buch pünktlich fertig wird.

Der **Drucker** sorgt dafür, dass der Text vervielfältigt wird. Dazu gibt es verschiedene Druckverfahren. Aus den Druckmaschinen kommen große Papierbögen, die mit 16 Buchseiten bedruckt sind. Diese müssen noch gefaltet und geschnitten werden.

Der **Buchbinder** heftet beziehungsweise klebt die Seiten zusammen und gibt dem Buch den passenden Einband.

Ein Buch, das frisch aus der Druckerei kommt, ist jedes Mal ein Ereignis im Verlag. Alle an der Herstellung Beteiligten stecken ihre Nase hinein und schnuppern neugierig den Duft, den nur neue Bücher ausströmen. Die fertigen Bücher gehen von der Buchbinderei direkt ins Auslieferungslager. Hier werden sie verpackt, gestapelt und nach Bestellung an die Buchhandlungen ausgeliefert.

Jetzt braucht man noch Leser, die das Buch kaufen und darin schmökern.

nach Hansgeorg Meyer

* *Es sind immer weibliche und männliche Personen gemeint.*

1 Wähle einen Text aus.
Welche Wörter liefern wichtige Informationen? Finde sie.

2 Im Text fehlen die weiblichen Berufsbezeichnungen. Wie heißen sie?
Schreibe sie in dein Heft.

Nachrichten senden

Eine E-Mail schreiben

Eine E-Mail kannst du in Sekundenschnelle verschicken.
Dazu brauchst du nur einen Internet-Zugang und
die E-Mail-Adresse der Empfängerin oder des Empfängers.
In die Betreffzeile schreibst du, worum es in deiner E-Mail geht.

Rabea Scholz

An: lotta.nowak@nikomail.de

Betreff: Wie geht's?

Liebe Lotta,

wie war deine erste Woche nach den Ferien? Ich habe mich sehr gefreut, alle wiederzusehen. Im Herbst fahren wir sogar auf Klassenfahrt!

LG
Deine Olivia aus Köln

Eine Postkarte schicken

Es kostet Geld, eine Postkarte zu verschicken. Du musst eine Briefmarke kaufen und aufkleben. Außerdem musst du die Adresse der Empfängerin oder des Empfängers angeben und die Karte zu einem Briefkasten der Post bringen.

Rabea Scholz

Liebe Lotta,
jetzt sind es nur noch
vierzehn Tage, bis
wir uns sehen.
Bestimmt gehen wir
wieder gemeinsam
Schwimmen.
Was meinst du?
Deine Oma

An
Lotta Nowak
Hauptstraße 16
54321 Wichtel

Eine Textnachricht versenden

Textnachrichten kannst du zum Beispiel mit dem Smartphone verschicken. Dazu brauchst du ein Programm, das auf dem Smartphone installiert wird.

Textnachrichten sind meist viel kürzer als E-Mails oder Postkarten. Sie bestehen oft nur aus wenigen Wörtern. Außerdem werden viele Emojis verwendet. Emojis sind kleine Bilder wie zum Beispiel Smileys, Tiere oder Herzen.

Damit du eine Textnachricht verschicken kannst, brauchst du nur die Telefonnummer der Empfängerin oder des Empfängers. Außerdem muss sie oder er auch das richtige Programm auf seinem Smartphone installiert haben.

Wenn du eine neue Nachricht bekommst, hörst du ein Geräusch. Wenn du gerade Hausaufgaben machst oder Ruhe brauchst, solltest du deshalb den Ton ausschalten.

Rabea Scholz

1. Wähle einen Text aus. Was brauchst du, um eine Nachricht zu verschicken? Finde die Informationen in deinem Text.
2. Welche Arten einer Nachricht nutzt ihr? Wann? Tauscht euch aus.
3. Welche Dinge, die im Text erwähnt werden, findest du im Bild wieder? Vergleiche deinen Text mit dem Bild.

→ MK Aufg. 1–2

Du kannst deine Folie benutzen.

Der Tag, an dem die Oma das Internet kaputt gemacht hat

1 Lies die Wörter.

Computer Tiffany Puzzle Videotext Handy Internet Textnachricht

2 Finde Gegensätze. Notiere sie in dein Heft.

senden	Frage	den Kopf schütteln	mit Absicht
nicken	aus Versehen	Antwort	empfangen

3 Was bedeuten diese Wörter? Lies die Wörter mit den passenden Erklärungen.

Videotext	eine Platte aus Kork, an der man Zettel befestigen kann
Doppelklick	kurze Nachrichten, die man mit dem Handy versendet
Pinnwand	zwei schnelle Klicks mit der Maus hintereinander
Textnachricht	eine bestimmte Seite im Fernsehen, auf der man Nachrichten lesen kann

→ Lese- & Sprachförderung zur Vorentlastung & Vorbereitung auf den Text S. 106/107

Du kannst deine Folie benutzen.

4 Welche Dinge kannst du im Internet machen? Lies genau und überlege.

Im Internet kann ich ...

... Ballspiele spielen. ... Musik hören.

... Geschichten lesen. ... Nachrichten versenden.

... Filme gucken. ... Tiere streicheln. ... Ausmalbilder finden.

... Teesorten kosten. ... an Blumen riechen. ... Fotos versenden.

5 Was stimmt? Finde die Fallen und lies die Sätze richtig.

Eines Tages saß die Oma vor dem

und klickte mit der

Aber der Computer

nicht so, wie sie es wollte.
Max konnte ihr auch nicht

Sein Handy ging plötzlich auch nicht
mehr. Die Oma hatte aus

Staubsauger

Computer

Katze.

Maus.

sollte

wollte

halten.

helfen.

Verstehen

Versehen

das Internet kaputt gemacht.
Das ganze Internet. Auf der ganzen Welt.
Kaputt gemacht. Von der Oma. Aus Versehen. Klick, klick.

nach Marc-Uwe Kling

→ MK Aufg. 4–5

Der Tag, an dem die Oma das Internet kaputt gemacht hat

„Es geht nicht mehr“, sagte die Oma.
Sie saß vor dem Computer und klickte mit der Maus.
Jedes Mal, wenn sie einen Doppelklick machte, sagte sie: „Klick, klick.“
Tiffany blickte von ihrem Puzzle auf. Guckte die Oma an.
Es waren Ferien. Deswegen war Tiffany nicht im Kindergarten, sondern im Wohnzimmer. Und deswegen waren Oma und Opa da.
Zum Aufpassen, hatten Mama und Papa gesagt.
Aber wer auf wen aufpassen sollte, hatten sie nicht gesagt.
Deswegen passte Tiffany auf Oma auf. Vorsichtshalber.

„Klick, klick“, sagte die Oma.
„Es geht einfach nicht mehr!“
„Was geht nicht mehr?“, fragte Tiffany.
„Das Internet“, sagte die Oma.
„Schau. Klick, klick. Aber nichts passiert.“
„Was ist das Internet?“, fragte Tiffany.
„Klick, klick”, sagte die Oma. „Das Internet, hm …“
Die Oma kratzte sich an der Nase, dachte angestrengt nach und sagte endlich:
„Das Internet ist so etwas Ähnliches wie Videotext.“
„Du hast echt keine Ahnung, Oma“, sagte Max.
Er lag auf dem Sofa, sein Handy in der Hand, und schrieb eine Textnachricht an seinen besten Freund. Max war schon zehn.
„Das Internet“, erzählte Max seiner kleinen Schwester, „ist wie die Pinnwand über meinem Schreibtisch. Nur viel, viel größer!
Verstehst du? Da kann man Nachrichten dranheften oder Fotos oder Geschichten und Ausmalbilder, sogar Musik und Filme und alles Mögliche. Und es haben schon ganz viele Leute Sachen an das Internet drangeheftet.
Deshalb findet man inzwischen auf viele Fragen die Antwort im Internet.
Manchmal ist die Antwort aber leider falsch.
Weil nicht alle, die im Internet rumklicken, schlau sind.“

„Klick, klick“, sagte die Oma.

„Das Internet“, sagte Max, „verbindet all unsere Computer und Handys und noch viele andere Geräte. Deswegen kann man über das Internet auch mit anderen Menschen sprechen. Oder Spiele spielen. Oder Nachrichten versenden. Das mache ich gerade.“

Er drückte auf seinem Handy auf Senden, aber das Handy sendete nicht. Darum drückte er noch mal auf Senden. Und noch mal.

„Senden“, sagte Max und drückte auf Senden. Aber nix wurde versendet.

„Das Internet geht wirklich nicht mehr“, stellte er erstaunt fest.

„Sag ich doch“, sagte die Oma.

„Warum geht es nicht mehr?“, fragte Tiffany.

„Ich glaube“, sagte die Oma beschämt, „ich habe das Internet kaputt gemacht.“

„Du kannst das Internet nicht kaputt machen“, sagte Max.

„Ich habe das ganze Internet kaputt gemacht“, sagte die Oma kopfschüttelnd. „Aus Versehen.“

„Du hast auf keinen Fall das ganze Internet kaputt gemacht“, sagte Max.

Aber da täuschte er sich. Die Oma hatte tatsächlich das Internet kaputt gemacht. Das ganze Internet. Auf der ganzen Welt. Kaputt gemacht. Von der Oma. Aus Versehen. Klick, klick.

Marc-Uwe Kling

Ob die Oma wirklich das Internet kaputt gemacht hat, erfährst du, wenn du das Buch liest.

1 Wer passt auf wen auf? Erzähle.

2 Wie funktioniert das Internet? Erkläre es einem anderen Kind.

3 Wie könnte die Erzählung weitergehen? Tauscht euch aus.

4 Der Text stammt aus einem Kinderbuch. Forsche nach und schreibe den ersten Eintrag für ein Lesetagebuch. → S. 109, Aufgabe 3

→ MK Aufg. 2 und 4

Gregs Tagebuch 10: So ein Mist!

Klappentext:
Greg ist entsetzt, als seine Mom für die ganze Stadt ein elektronikfreies Wochenende organisieren will. Zwei Tage ohne Handy, Fernsehen und Computerspiele? Stattdessen gemeinsames Saubermachen im Park, Nachmittage in der freien Natur und ein altmodischer Limonadenstand? So ein Mist!, findet Greg und hat schon bei dem Gedanken daran die Nase voll. Dabei ist das erst der Anfang seiner Probleme, denn die Klassenfahrt zur Schweiß-und-Fleiß-Farm steht an ...

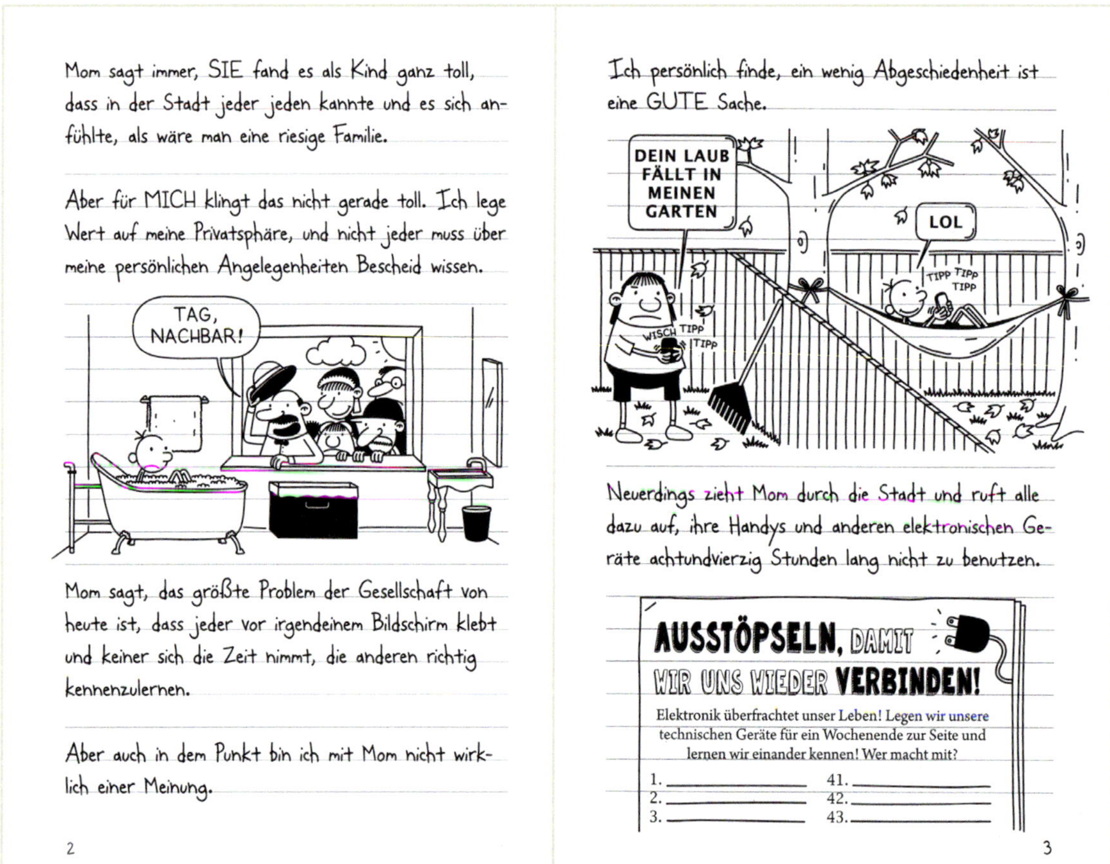
Mom sagt immer, SIE fand es als Kind ganz toll, dass in der Stadt jeder jeden kannte und es sich anfühlte, als wäre man eine riesige Familie.

Aber für MICH klingt das nicht gerade toll. Ich lege Wert auf meine Privatsphäre, und nicht jeder muss über meine persönlichen Angelegenheiten Bescheid wissen.

Mom sagt, das größte Problem der Gesellschaft von heute ist, dass jeder vor irgendeinem Bildschirm klebt und keiner sich die Zeit nimmt, die anderen richtig kennenzulernen.

Aber auch in dem Punkt bin ich mit Mom nicht wirklich einer Meinung.

2

Ich persönlich finde, ein wenig Abgeschiedenheit ist eine GUTE Sache.

Neuerdings zieht Mom durch die Stadt und ruft alle dazu auf, ihre Handys und anderen elektronischen Geräte achtundvierzig Stunden lang nicht zu benutzen.

3

Jeff Kinney

So kannst du ein Lesetagebuch schreiben

1. Sieh dir verschiedene Bücher an.
   Betrachte das Cover und lies den Klappentext oder das Inhaltsverzeichnis.

2. Wähle ein Buch aus.

3. Schreibe den ersten Eintrag für dein Lesetagebuch. Du kannst auch am Computer schreiben. Schreibe auf:
   - Titel des ausgewählten Buches
   - Autor/in
   - Verlag
   - Illustrator/in
   - Art des Buches (Sachbuch, Bilderbuch, erzählendes Buch, Comic …)
   - Warum hast du das Buch ausgewählt?
   - Was verrät dir der Klappentext?

Mein ausgewähltes Buch
Titel: Gregs Tagebuch 10. So ein Mist!
Autor: Jeff Kinney
Verlag: Baumhaus Verlag
Illustrator: Jeff Kinney
Art des Buches: Comic-Roman

4. Lies nun das Buch.

5. Schreibe weitere Einträge.
   Suche dir aus diesen Ideen Punkte aus:
   - Fasse den Inhalt einzelner Kapitel oder des gesamten Buches zusammen.
   - Zeichne die Hauptfiguren oder schreibe einen Steckbrief.
   - Schreibe auf, welches Kapitel du am besten findest und warum.
   - Schreibe auf, warum dir der Text gefallen oder nicht gefallen hat.
   - Male ein Bild oder zeichne einen Comic.
   - …

Inhalt des Buches „Gregs Tagebuch 10: So ein Mist!"
In dem Buch geht es um Greg, der in sein Tagebuch schreibt. Seine Mutter will, dass alle ihre elektronischen Geräte für ein Wochenende abgeben. Auch Greg! Das findet Greg gar nicht toll …

→ MK Aufg. 3 und 5

Durch das Jahr

Jahreszeitengedicht

Der Winter, der ist leintuchweiß
und voller Schnee und voller Eis.
Ein Schneemann steht vor unserm Haus,
er heißt Karottennasen-Klaus.
Wir rodeln und wir fahren Schi –
und langweilig ist's nie!

Im Frühling schmilzt der Schnee davon.
Die ersten Blumen warten schon,
bevor sie aus der Erde kommen.
Die Eiszapfen sind fortgeschwommen.
Das Wasser gluckert. Aber wie!
Und langweilig ist's nie.

Der Sommer, der ist sonnenheiß.
Wir schlecken Schokoladeneis.
Wir gehen baden, spielen Ball,
wir klettern auf den Hühnerstall.
Dann hab ich oft zerkratzte Knie –
doch langweilig ist's nie!

Der Herbst macht alle Blätter bunt
und steckt uns Nüsse in den Mund.
Kastanien plumpsen von den Bäumen.
Die Krähen sitzen da und träumen.
Wir basteln uns Kastanien-Vieh.
Nein, langweilig ist's nie!

Georg Bydlinski

1 In jeder Strophe wiederholt sich eine Zeile. Finde sie.

2 Wähle dir eine Strophe des Gedichts aus. Male dazu ein Bild.
Lass ein Kind die Strophe erraten.

Die Zeit

Man kann sie nicht riechen,
man kann sie nicht schmecken,
man kann sie einfach
nirgends entdecken.

Man kann sie vergeuden,
man kann sie vergessen.
Doch was man versäumt hat,
kann man nicht messen.

Man kann sie nicht kaufen,
man kann sie nicht borgen.
Man sucht das Gestern,
schon ist es morgen.

Man kann sie gut nutzen
und jemandem schenken,
und wenn man Zeit hat,
an sie denken.

Gerald Jatzek

1 Was kann man mit der Zeit **nicht** tun? Finde die Zeilen.

2 Wer könnte „man“ sein? Erkläre.

3 Was unternimmst du, wenn du jemandem Zeit schenkst? Begründe.

Die Sonne ist ein Lutschbonbon

Die Sonne ist ein Lutschbonbon –
schmeckt sicher nach Zitrone!
Doch leider hab ich nichts davon,
weil ich hier unten wohne …

Georg Bydlinski

1 Finde die beiden Reimpaare.

2 Schreibe das Gedicht auf.

3 Gestalte einzelne Wörter des Gedichts mit Bildern wie im Beispiel „Sonne“ neben dem Gedicht.

Wähle einen Text aus.

Schniefnase geht schlafen

Lies mit einem Partner. → S. 5

Es herbstelt schon sehr. Nebel zieht über die Wiesen. Die Bäume werfen das Laub ab. Schniefnase ist beleidigt. Das Leben wird immer schwieriger. Der Stachelpelz hält nicht mehr warm. Futter, wie Insekten und Schnecken, ist rar. Jetzt fängt es auch noch zu regnen an. Es wird Zeit, dieser unfreundlichen Welt den Rücken zu kehren. Unter einem Heckenrosenbusch hat der Wind Blätter zusammengeweht. Das ist eine unübertreffliche Igelburg. Schniefnase kuschelt sich in sein warmes Nest. Die Äuglein fallen ihm zu, und er schläft zufrieden ein. Nur die Flöhe turnen noch in seinem Fell herum.

nach Hans-Wilhelm Smolik

Schniefnase geht schlafen

Es herbstelt schon sehr. Die Bäume werfen das Laub ab. Schniefnase ist beleidigt. Das Leben wird immer schwieriger. Der Stachelpelz hält nicht mehr warm. Futter, wie Insekten und Schnecken, ist rar. Jetzt fängt es auch noch zu regnen an. Es wird Zeit, dieser unfreundlichen Welt den Rücken zu kehren. Am Waldrand unter einem Heckenrosenbusch hat der Wind welke Blätter zu einem dichten Filz zusammengeweht. Das ist eine unübertreffliche Igelburg. Schniefnase kuschelt sich in sein warmes Nest. Ihm fallen die Äuglein zu, und er schläft zufrieden ein. Nur die Flöhe turnen noch in seinem Fell herum.

nach Hans-Wilhelm Smolik

Schniefnase geht schlafen

Es herbstelt schon sehr. In dicken Schwaden ziehen die Bodennebel über die gilbenden Wiesen. Feucht schimmern im späten Morgenlicht die aufgeworfenen Schollen und das bunte Laub der Bäume. Schniefnase ist beleidigt. Das Leben wird immer schwieriger. Der Stachelpelz hält nicht mehr warm. Das Insektenvolk hat sich in seine Schlupfwinkel verkrochen. Regenwürmer sind schon köstliche Seltenheiten. Wie eine Heuschrecke, ein Käfer oder Vogeleier aussehen, kann er sich kaum noch erinnern. Nein, es ist nichts mehr los! So, und jetzt fängt es auch noch zu regnen an! Schniefnase zuckt unter jedem Regentropfen zusammen. Es wird Zeit, dieser unfreundlichen Welt den Rücken zu kehren. Schnurstracks tippelt er den Feldrain entlang, murrt ob des Regens und wühlt sich am Waldrand unter einen Heckenrosenbusch. Stachelige Zweige liegen hier zuhauf, und der Wind hat die welken Blätter zu einem dichten Filz zusammengeweht. Und nun ist es eine unübertreffliche Igelburg. So, da wäre man also wieder daheim! Schniefnase schnalzt zufrieden vor sich hin und kuschelt sich in sein warmes Nest. Die schwarzen Äuglein wollen ihm zufallen. Doch er rappelt sich noch einmal auf und murkst zwischen dem angewehten Falllaub herum. Es ist unangenehm, wenn die kalten Winde bis ins Nest hinunterblasen. Man kann nicht genug wärmende Decke über den Buckel schieben. Es geht doch nichts über eine warme und trockene Bude! Wieder fallen ihm die Äuglein zu. Bis zum späten Abend ruckt und zuckt Schniefnase ab und zu noch einmal, dann ist er wirklich und wahrhaftig hinübergedämmert. Bewegungslos liegt der Stachelknäuel im Laubfilz, und nur die Flöhe turnen noch in seinem Fell herum. Auch sie sind zufrieden damit, nun endlich und endgültig im Warmen zu sitzen.

Hans-Wilhelm Smolik

1. Wer könnte Schniefnase sein? Lies nach.
2. Warum will Schniefnase dieser unfreundlichen Welt den Rücken kehren? Erklärt.

Der lebendige Weihnachtsbaum

Der Vater suchte einen Weihnachtsbaum. Aber er konnte keinen mehr finden. Im Wald traf er einen Hirsch. Dieser sprach: „Du suchst einen Weihnachtsbaum? Nimm doch mich!“ Der Vater war froh und nahm den Hirsch mit nach Hause. Er schmückte den Hirsch ganz geheim und sagte: „Röhren darfst du nicht.“ Die Kinder freuten sich sehr. Am Abend röhrte der Hirsch plötzlich, denn er hatte draußen seinen Freund gehört. Dann ging er in den Wald. Die Kinder liefen ihm nach. Im Wald waren viele Tiere, die sich über den Weihnachtsbaum freuten. Der Weihnachtsbaum röhrte mit ihnen ein Lied.

nach Ludvik Askenazy

Der lebendige Weihnachtsbaum

Der Vater suchte einen Weihnachtsbaum. Aber im Wald war nichts mehr zu finden. Da traf er einen Hirsch. Dieser sagte zu ihm: „Du suchst einen Weihnachtsbaum? Nimm doch mich!“ Der Vater war froh und nahm den Hirsch mit nach Hause. Er schmückte den Hirsch ganz geheim, aber geschmackvoll, und sagte: „Röhren darfst du nicht.“ „Welcher Weihnachtsbaum röhrt schon?“, fragte der Hirsch entrüstet. Die Kinder waren begeistert von dem einmaligen Weihnachtsbaum. Der Hirsch und der Vater zwinkerten sich zu. Später am Abend hörte man auf einmal vor dem Fenster ein leises Röhren. Da röhrte auch der Hirsch, denn er hatte draußen seinen Freund gehört. Dann ging er hinaus in die weiße Sternennacht. Die Kinder folgten den beiden Hirschen bis in den Wald. Da waren viele Tiere versammelt, die sich über den Weihnachtsbaum freuten. Der Weihnachtsbaum röhrte ein Lied und die Tiere summten mit.

nach Ludvik Askenazy

Der lebendige Weihnachtsbaum

Es war ein frostiger Tag und ein durchfrorener Vater suchte einen Weihnachtsbaum. Aber im Wald war nichts mehr zu finden. Jetzt stand er da im Frost und ohne Weihnachtsbaum. Da kam ein Hirsch auf ihn zu und sagte mit Menschenstimme: „Ich weiß, du suchst einen Weihnachtsbaum, und ich will schon immer einer werden. Schau, mein Geweih. Es ist mit Moos überwachsen, es glitzert und riecht nach Tannennadeln.“ Und es roch wirklich nach Tannennadeln. „Komm doch mit“, sagte der Vater. „Aber du darfst nichts verraten.“ „Ist doch klar“, sagte der Hirsch. „Nur möchte ich, dass der Stern auf der Spitze ganz golden ist, und viele farbige Kugeln möchte ich auch.“ „Kann ich dir auch Kerzen anzünden?“, fragte der Vater. „Ja“, sagte der Hirsch, „aber sei bitte vorsichtig mit dem Engelshaar.“ So nahm der Vater den Hirsch mit nach Hause und schmückte ihn ganz geheim, aber geschmackvoll. „Röhren darfst du nicht“, sagte der Vater, „als Weihnachtsbaum musst du deine Schnauze halten.“ „Welcher Weihnachtsbaum röhrt schon?“, fragte der Hirsch entrüstet. Die Kinder waren begeistert und riefen: „Also, so ein Weihnachtsbaum! Der ist ja wirklich einmalig!“ „Der ist einmalig“, sagte der Vater und zwinkerte zum Hirsch. Der Hirsch zwinkerte zurück. Später am Abend hörte man auf einmal vor dem Fenster ein leises Röhren. Da wurde der Weihnachtsbaum unruhig und dann röhrte er auch. Die Kinder sagten: „Papi, der Weihnachtsbaum röhrt.“ „Was einem heutzutage alles als Weihnachtsbaum verkauft wird“, sagte der Vater. „Unglaublich.“ Da sagte der Weihnachtsbaum: „Entschuldigt bitte, aber mein bester Freund ist da.“ Und er röhrte ganz wehmütig. Dann ging er hinaus in die weiße Sternennacht. Die Kinder liefen ihm nach, weil ihnen der Weihnachtsbaum so gefiel. Sie gingen hinter den beiden Hirschen her bis zur Lichtung. Da waren viele Tiere versammelt, die sich über den Weihnachtsbaum freuten. Der Weihnachtsbaum röhrte ein Lied und die Tiere summten mit.

Ludvik Askenazy

1. Warum röhrt plötzlich der Hirsch? Finde die Zeilen.
2. Was ist das Besondere an diesem Weihnachtsbaum? Erkläre.

Flunkerfranz

Es war einmal ein Hase, der die tollsten Geschichten erfand. Dabei log er das Blaue vom Himmel herunter. Man konnte den Flunkerfranz schon von weitem erkennen, weil sein mittleres Ohr etwas länger als die beiden anderen war. Außerdem hatte er einen hübschen braunweiß karierten Stummelschwanz. Franz züchtete in seinem Garten Möhren, die er im April mit einem Bagger herausziehen musste. Aus den Kartoffeln, die an seinen Apfelbäumen wuchsen, bereitete er Birnenkompott. Ich habe ihn Ostern besucht, da legte er gerade viereckige Ostereier. Ich kann einfach nicht verstehen, wie einer so schwindeln kann. Könnt ihr das? Ich könnte das nie!

nach Ursel Scheffler

Flunkerfranz

Es war einmal ein Hase, der die tollsten Geschichten erfand. Dabei log er das Blaue vom Himmel herunter. Man konnte den Flunkerfranz schon von weitem erkennen, weil sein mittleres Ohr etwas länger war als das rechte und das linke. Außerdem hatte er einen hübschen braunweiß karierten Stummelschwanz. Franz züchtete in seinem Garten Möhren. Die waren im April so groß, dass er sie mit einem Bagger herausziehen musste. Aus den Kartoffeln, die an seinen Apfelbäumen wuchsen, bereitete er köstliches Birnenkompott. Ich habe ihn Ostern besucht, da legte er gerade viereckige Ostereier. Wenn ich es nicht mit eigenen Ohren gesehen hätte, wirklich, ich würde es nicht glauben! Ich kann einfach nicht verstehen, wie einer so schwindeln kann. Könnt ihr das? Ich könnte das nie!

nach Ursel Scheffler

Flunkerfranz

Es war einmal ein Hase, der die tollsten Geschichten erfand. Und immer, wenn jemand etwas erzählte, dann wusste er eine Geschichte, die noch ungewöhnlicher und noch aufregender war. Dabei log er das Blaue vom Himmel herunter. Er log, dass sich einem Schwein der Pelz sträubte und dass sich jedem Huhn die Hörner bogen.

Man konnte Flunkerfranz schon von weitem erkennen, weil sein mittleres Ohr länger war als das rechte und das linke. Auch wenn er davonlief, war er nicht zu verwechseln:

Er hatte einen hübschen braunweiß karierten Stummelschwanz.

Franz züchtete in seinem Garten Möhren. Die waren so groß, dass er sie mit einem Bagger herausziehen musste. Und das spätestens im April! Sonst wuchsen sie nämlich so tief in die Erde hinein, dass sie auf der anderen Seite der Welt wie Bergspitzen herausbrachen.

Aus den Kartoffeln, die an seinen Apfelbäumen wuchsen, bereitete er köstliches Birnenkompott.

Und wenn er auf seiner silbernen Holzflöte spielte, dann fielen vor Schreck die Fische von den Bäumen und die Vögel von den Radieschensträuchern.

Ich habe ihn Ostern besucht, da legte er gerade viereckige Ostereier. 700 Stück. Es war genau die Menge, die in den Kofferraum des gelben Hubschraubers passte, mit dem er geräuschlos zum Eierverstecken flog. Er legte die Eier in die Nester, die die Vögel freundlicherweise für ihn in Bäumen und Büschen gebaut hatten. Wenn ich es nicht mit eigenen Ohren gesehen hätte, wirklich, ich würde es nicht glauben! Außerdem kann ich einfach nicht verstehen, wie einer so schwindeln kann wie der Flunkerfranz. Könnt ihr das? Ich könnte das nie!

Ursel Scheffler

1 Wie sieht der Flunkerfranz aus? Male ihn.

2 Was ist in der Geschichte „geflunkert“? Lies nach.

3 Erkläre die Redewendung „das Blaue vom Himmel herunterlügen“.

4 „Flunkerfranz“ gibt es als Buch und als Hörbuch. Wonach würdet ihr greifen? Begründet eure Meinungen.

→ MK Aufg. 4

Textquellennachweis

6.1 Georg Bydlinski: Wann Freunde wichtig sind. Aus: Das Gnu im linken Fußballschuh. Gedichte für neugierige Kinder. Originalausgabe. Boje Verlag in der Bastei Lübbe AG, Köln 2014. © 2014 bei Bastei Lübbe AG, Köln.; **6.2** Claudia Höly: Manchmal. Aus: Hans-Joachim Gelberg (Hrsg.): Was für ein Glück. Beltz & Gelberg, Weinheim 1993.; **7.1** Gottfried Herold: Kleiner Unsinn. Aus: Komm, wir wolln im Regen gehen. Der Kinderbuchverlag, Berlin 2000.; **7.2** Charlotte Jugel: Mein Haus. © bei der Autorin, nach: ders., Knicks und sag danke: Gedichte, Kleine Schritte 2000; **8.1** Nasrin Siege: Das Bauchweh (Auszug, Textversionen 1 und 2 bearbeitet). Aus: Hans-Joachim Gelberg (Hrsg.): 8. Jahrbuch der Kinderliteratur. Beltz, Weinheim, Basel 1988.; **8.2** Textversion 2 von 3: Nasrin Siege: Das Bauchweh (Auszug, Textversionen 1 und 2 bearbeitet). Aus: Hans-Joachim Gelberg (Hrsg.): 8. Jahrbuch der Kinderliteratur. Beltz, Weinheim, Basel 1988.; **9** Textversion 3 von 3: Nasrin Siege: Das Bauchweh (Auszug, Textversionen 1 und 2 bearbeitet). Aus: Hans-Joachim Gelberg (Hrsg.): 8. Jahrbuch der Kinderliteratur. Beltz, Weinheim, Basel 1988.; **10** Heinz Janisch: Herr Kratochwil kommt fast zu spät. © Verlag Jungbrunnen, Wien 2009.; **11** Heinz Janisch: Herr Kratochwil kommt fast zu spät, Verlag Jungbrunnen, Wien 2009.; **12, 13** Heinz Janisch: Herr Kratochwil kommt fast zu spät, Verlag Jungbrunnen, Wien 2009.; **14.1** Auf der Grundlage von: Timo Parvela: Auf Klassenfahrt – Die Abreise (Auszug). Aus: Ella in der Schule. Aus dem Finnischen von Anu und Nina Stohner. DTV, Hanser, München 2010, 3. Auflage 2011. © Carl Hanser Verlag, München 2007.; **14.2** Auf der Grundlage von: Timo Parvela: Auf Klassenfahrt – Die Abreise (Auszug). Aus: Ella in der Schule. Aus dem Finnischen von Anu und Nina Stohner. DTV, Hanser, München 2010, 3. Auflage 2011. © Carl Hanser Verlag, München 2007.; **14.3** Auf der Grundlage von: Timo Parvela: Auf Klassenfahrt – Die Abreise (Auszug). Aus: Ella in der Schule. Aus dem Finnischen von Anu und Nina Stohner. DTV, Hanser, München 2010, 3. Auflage 2011. © Carl Hanser Verlag, München 2007.; **15.1** Auf der Grundlage von: Timo Parvela: Auf Klassenfahrt – Die Abreise (Auszug). Aus: Ella in der Schule. Aus dem Finnischen von Anu und Nina Stohner. DTV, Hanser, München 2010, 3. Auflage 2011. © Carl Hanser Verlag, München 2007.; **15.2** Auf der Grundlage von: Timo Parvela: Auf Klassenfahrt – Die Abreise (Auszug). Aus: Ella in der Schule. Aus dem Finnischen von Anu und Nina Stohner. DTV, Hanser, München 2010, 3. Auflage 2011. © Carl Hanser Verlag, München 2007.; **16, 17** Timo Parvela: Auf Klassenfahrt – Die Abreise (Auszug). Aus: Ella in der Schule. Aus dem Finnischen von Anu und Nina Stohner. DTV, Hanser, München 2010, 3. Auflage 2011. © Carl Hanser Verlag, München 2007.; **18** Irmela Brender, „War mal ein Lama in Alabama. Allerhand Reime und Geschichten in Gedichten", Oetinger, Hamburg 2001; **19.1** Gerald Jatzek: Wutsprüche. Aus: Hans-Joachim Gelberg (Hrsg.): Großer Ozean. Gedichte für alle. Beltz. Weinheim, Basel 2000.; **19.2** Ingrid Lissow: Glück. Aus: Gute Reise um die Sonne. Dachs, Wien 1986.; **20.1** Michael Labbé: Kalt oder warm? Nach einer Idee von: Falsche Reize. Aus: Michael Labbé: zzzebra. Das Webmagazon für Kinder. LABBÉ – Verlag und Versand, zzzebra Netz, Bergheim 2014, unter: http://www.labbe.de/zzzebra/index.asp?themaid=545&titelid=3434; **20.2** Michael Labbé: Was schmeckst du? Nach einer Idee von: zzzebra. Das Web-Magazin für Kinder. LABBÉ – Verlag und Versand, zzzebra Netz, Bergheim 2014.; **21** Unbekannter Verfasser: Wie klingt das? Nach einer Idee von Andreas Tillmann: Schallübertragung im Körper – Versuche mit einer Stimmgabel. Aus: Experimente für Kinder. Kids and Science, Tomerdingen, Filderstadt 2014. http://www.kids-and-science.de/experimente-fuer-kinder/detailansicht/datum/2009/11/25/schalluebertragung-im-koerper-versuche-mit-einer-stimmgabel.html; **24.1** Unbekannter Verfasser: Voller Einsatz auf einem Bein (Textversionen 1 und 2 bearbeitet). GEOlino 7/10.; **24.2** Unbekannter Verfasser: Voller Einsatz auf einem Bein (Textversionen 1 und 2 bearbeitet). GEOlino 7/10.; **25** Unbekannter Verfasser: Voller Einsatz auf einem Bein (Textversionen 1 und 2 bearbeitet). GEOlino 7/10.; **26.1** Auf der Grundlage von: Cornelia Funke: Gespensterjäger auf eisiger Spur. Loewe, Bindlach 2005.; **26.3** Auf der Grundlage von: Cornelia Funke: Gespensterjäger auf eisiger Spur. Loewe, Bindlach 2005.; **27.1** Auf der Grundlage von: Cornelia Funke: Gespensterjäger auf eisiger Spur. Loewe, Bindlach 2005.; **27.2** Auf der Grundlage von: Aus: Cornelia Funke: Gespensterjäger auf eisiger Spur. Loewe, Bindlach 2005.; **28, 29** Cornelia Funke: Ein grässlicher Tag (Auszüge). Aus: Cornelia Funke: Gespensterjäger auf eisiger Spur. Loewe, Bindlach 2005.; **30** Hans Stempel, Martin Ripkens: Angst. (Auszug, Textversionen 1 und 2 bearbeitet). Aus: Auch Kinder haben Geheimnisse. Verlag Heinrich Ellermann, München 1973.; **32.1** Max Bolliger: Was mir gefällt. Aus: Hinter den sieben Bergen. Echter Verlag, Würzburg 1995. Was mir gefällt, © Max Bolliger – Nachlassverwaltung Robert Fuchs und Anke Hees, Zürich; **32.2** Lea Hector: Freunde. Aus: Freunde. Gertraud Middelhauve, München 1992.; **33** Lena Wiesbauer: Ich bin ich. Aus: Hans-Joachim Gelberg (Hrsg.): Wo kommen die Worte her? Neue Gedichte für Kinder und Erwachsene. Beltz & Gelberg, Weinheim, Basel 2011.; **34.1** Edith Schreiber-Wicke: Der Neinrich. Thienemann, Stuttgart, Wien 2002; **34.2** Edith Schreiber-Wicke: Der Neinrich (Textversionen 1 und 2 bearbeitet). Thienemann, Stuttgart, Wien 2002.; **35** Edith Schreiber-Wicke: Der Neinrich (Textversionen 1 und 2 bearbeitet). Thienemann, Stuttgart, Wien 2002.; **36** Corinna Gieseler: Moritz heißt immer noch Meier. Die Geschichte von Mamas neuem Freund, Ellermann, Hamburg 2002; **37** Corinna Gieseler: Moritz heißt immer noch Meier. Die Geschichte von Mamas neuem Freund, Ellermann, Hamburg 2002; **38, 39** Corinna Gieseler: Moritz heißt immer noch Meier. Die Geschichte von Mamas neuem Freund, Ellermann, Hamburg 2002; **40.1** Auf der Grundlage von: Brigitte Werner: Nicht ganz richtig im Kopf? Aus: Denni, Klara und das Haus Nr. 5. Verlag Freies Geistesleben: Stuttgart 2011; **41.2** Auf der Grundlage von: Brigitte Werner: Nicht ganz richtig im Kopf? Aus: Denni, Klara und das Haus Nr. 5. Verlag Freies Geistesleben: Stuttgart 2011; **42, 43** Brigitte Werner: Nicht ganz richtig im Kopf? Aus: Denni, Klara und das Haus Nr. 5. Verlag Freies Geistesleben: Stuttgart 2011; **44.1** Kruse, Max: Nimm Entenfedern. Aus: ders. Windkinder. Reutlingen Verlag Ensslin und Laiblin, Reutlingen 1968.; **44.2** Johann Wolfgang von Goethe: Hexeneinmaleins. Aus: Faust I. In: Goethe. Berliner Ausgabe, Bd. IV. Aufbau, Berlin und Weimar 1965; **45.1** Paul Maar: Gerichte aus der Hexenküche. Aus: Kreuz und Rüben, Kraut und quer. Das große Paul Maar Buch. Oetinger, Hamburg 2004; **45.2** Michael Ende: Ein sehr kurzes Märchen. Aus: Wolfgang Mieder (Hg.): Grimms Märchen, modern, Reclam, Ditzingen 1986; **46.1** Brüder Grimm: Der süße Brei (Textversionen 1, 2 und 3 bearbeitet). Aus: Die schönsten Märchen der Brüder Grimm. Arena, Würzburg 2012.; **46.2** Brüder Grimm: Der süße Brei (Textversionen 1, 2 und 3 bearbeitet). Aus: Die schönsten Märchen der Brüder Grimm. Arena, Würzburg 2012.; **47** Brüder Grimm: Der süße Brei (Textversionen 1, 2 und 3 bearbeitet). Aus: Die schönsten Märchen der Brüder Grimm. Arena, Würzburg 2012.; **48** Otfried Preußler: Künstlerpech (Auszug, Textversionen 1 und 2 bearbeitet). Aus: Der Räuber Hotzenplotz. Thienemann, Stuttgart, Wien 1962.; **49** Otfried Preußler: Künstlerpech (Auszug, Textversionen 1 und 2 bearbeitet). Aus: Der Räuber Hotzenplotz. Thienemann, Stuttgart, Wien 1962.; **50, 51** Otfried Preußler: Künstlerpech (Auszug, Textversionen 1 und 2 bearbeitet). Aus: Der Räuber Hotzenplotz. Thienemann, Stuttgart, Wien 1962.; **52.1** Auf der Grundlage von: Till bäckt Eulen und Meerkatzen. Aus: Till Eulenspiegel (neu erzählt von Heinz Janisch). Bilderbuchstudio-Verlag Neugebauer, Press Salzburg, München 1990.; **53.1** Auf der Grundlage von: Till bäckt Eulen und Meerkatzen. Aus: Till Eulenspiegel (neu erzählt von Heinz Janisch). Bilderbuchstudio-Verlag Neugebauer, Press Salzburg, München 1990.; **53.2** Auf der Grundlage von: Till Eulenspiegel (neu erzählt von Heinz Janisch). Bilderbuchstudio-Verlag Neugebauer, Press Salzburg, München 1990.; **54, 55** Till bäckt Eulen und Meerkatzen. Aus: Till Eulenspiegel (neu erzählt von Heinz Janisch). Bilderbuchstudio-Verlag Neugebauer, Press Salzburg, München 1990.; **56** Originalbeitrag auf der Grundlage von einem Märchen der Brüder Grimm; Brider Grimm: Kinder- und Hausmärchen. Philipp Reclam jun. Stuttgart 1980.; **58** Heinrich Heine: Der Schmetterling ist in die Rose verliebt. Aus: Sämtliche Gedichte in zeitlicher Reihenfolge. Neuer Frühling III. Insel, Frankfurt/M. und Leipzig 1993.; **59.1** Heinz Janisch: Wie der Regenbogen entstanden ist. Aus: Ich schenk dir einen Ton aus meinem Saxofon. Jungbrunnen Verlag, München/Wien 1999; **59.2** Leo Tolstoi: Die Apfelbäume (Auszug). Aus: Das neue Alphabet. Russische Lesebücher. Gesammelte

Werke, Band 8. Rütten & Loening, Berlin 1982. Übers. v. Hermann Asemissen.; **60.1** Hans Misdorf. Wie kam die Kartoffel nach Deutschland (Auszug, Textversionen 1 und 2 bearbeitet)? Aus: http://www.derweg.org/deutschland/geschichte/kartoffel.html.; **60.2** Hans Misdorf. Wie kam die Kartoffel nach Deutschland (Auszug, Textversionen 1 und 2 bearbeitet)? Aus: http://www.derweg.org/deutschland/geschichte/kartoffel.html.; **61** Hans Misdorf. Wie kam die Kartoffel nach Deutschland (Auszug, Textversionen 1 und 2 bearbeitet)? Aus: http://www.derweg.org/deutschland/geschichte/kartoffel.html.; **62** S. 58 – 61: Brüder Grimm: Der Bauer und der Teufel (Textversionen 1 und 2 bearbeitet). Aus: Kinder- und Hausmärchen gesammelt durch die Brüder Grimm, Band 3. Insel, Frankf./M. 1974.; **63** Brüder Grimm: Der Bauer und der Teufel (Textversionen 1 und 2 bearbeitet). Aus: Kinder- und Hausmärchen gesammelt durch die Brüder Grimm, Band 3. Insel, Frankf./M. 1974.; **64, 65** Brüder Grimm: Der Bauer und der Teufel (Textversionen 1 und 2 bearbeitet). Aus: Kinder- und Hausmärchen gesammelt durch die Brüder Grimm, Band 3. Insel, Frankf./M. 1974.; **72.1** Erwin Grosche: Das Fremde. Aus: Mardt, Susanne (Hg): Ene meine mink mank pink pank. Das Hausbuch der Kinderreime und Gedichte. Ellermann im Dressler Verlag: Hamburg 2017; **72.2** Peter Spier: Menschen. Aus: Menschen. Thienemann, Stuttgart 2004.; **73** Nasrin Siege: Dialog. Aus: Hans-Joachim Gelberg (Hrsg.): Wo kommen die Worte her? Neue Gedichte für Kinder und Erwachsene. Weinheim, Basel 2011.; **74.1** Johann Gottfried Herder: An die Kinder (Auszug, Textversionen 1 und 2 bearbeitet). Aus: Walther Victor (Hrsg.): Herder. Ein Lesebuch für unsere Zeit von Wilhelm Dobbek. Volksverlag, Weimar 1955.; **74.2** Johann Gottfried Herder: An die Kinder (Auszug, Textversionen 1 und 2 bearbeitet). Aus: Walther Victor (Hrsg.): Herder. Ein Lesebuch für unsere Zeit von Wilhelm Dobbek. Volksverlag, Weimar 1955.; **75** Johann Gottfried Herder: An die Kinder (Auszug, Textversionen 1 und 2 bearbeitet). Aus: Walther Victor (Hrsg.): Herder. Ein Lesebuch für unsere Zeit von Wilhelm Dobbek. Volksverlag, Weimar 1955.; **76.1** Lena Schaffer: Wir gehen zur Schule! Von Kenia bis Amerika, Gerstenberg Verlag Hildesheim, 2019; **76.2** Lena Schaffer: Wir gehen zur Schule! Von Kenia bis Amerika, Gerstenberg Verlag Hildesheim, 2019; **77** Lena Schaffer: Wir gehen zur Schule! Von Kenia bis Amerika, Gerstenberg Verlag Hildesheim, 2019; **78.1** Originalbeitrag nach Stefanie Erdmann von Isolde Stangner und Ulrike Gergaut.; **79** Brot bei uns und in anderen Ländern. Nach Stefanie Erdmann; **80.2** Frei zitiert nach: Hanna Schott: Angekommen. Vier Kinder erzählen von ihrem ersten Jahr in Deutschland, Neufeld Verlag, Schwarzenfeld 2016.; **81.2** Auf der Grundlage von: Hanna Schott: Angekommen. Vier Kinder erzählen von ihrem ersten Jahr in Deutschland, Neufeld Verlag, Schwarzenfeld 2016; **82, 83** Hanna Schott: Angekommen. Vier Kinder erzählen von ihrem ersten Jahr in Deutschland, Neufeld Verlag, Schwarzenfeld 2016; **84** Robert Reinick: Wie ist doch die Erde so schön. Aus: Edith George und Regina Hänsel (Hrsg.): Ans Fenster kommt und seht ... Gedichte für Kinder. Der Kinderbuchverlag, Berlin 1976.; **85.1** Rosemarie Künzler-Behncke: Erde. Aus: Hans-Joachim Gelberg (Hrsg.): Großer Ozean. Beltz & Gelberg, Weinheim 1986.; **85.2** Wolf Harrandt: Himmelschauen. Aus: Hans-Joachim Gelberg (Hrsg.): Wo kommen die Worte her? Neue Gedichte für Kinder und Erwachsene. Gedichte und Bilder aller Art. Beltz & Gelberg, Weinheim, Basel 2011. © beim Autor 2010.; **86, 87** Heiko Kammerhoff: Die Wasserfall-Giganten (Auszug). Aus: Geolino 5/2014, S. 52 – 55.; **88.1** Unbekannter Verfasser: Kleine Tropfen Wasser. Aus: Miezekatz und Huckelpuckel. LeiV, Leipzig 1997.; **88, 89.2** James Krüss: Das Wasser. Aus: Der wohltemperierte Leierkasten. Siegbert Mohn, Gütersloh 1961. S; **88.3** Unbekannter Verfasser: Das Wassertröpflein. Aus: Reime – Gedichte – Geschichten für den Kindergarten. Volk und Wissen Volkseigener Verlag, Berlin 1968.; **90.1** Vergebliche Rache. Jüdisches Märchen (Textversionen 1 und 2 bearbeitet). Aus: Leo Pavlat (Hrsg.): Jüdische Märchen. Artia Verlag, Praha 1985, Übers. H. Weisová-Tomanová.; **90.2** Vergebliche Rache. Jüdisches Märchen (Textversionen 1 und 2 bearbeitet). Aus: Leo Pavlat (Hrsg.): Jüdische Märchen. Artia Verlag, Praha 1985, Übers. H. Weisová-Tomanová.; **91** Vergebliche Rache. Jüdisches Märchen (Textversionen 1 und 2 bearbeitet). Aus: Leo Pavlat (Hrsg.): Jüdische Märchen. Artia Verlag, Praha 1985, Übers. H. Weisová-Tomanová.; **92.2** Auf der Grundlage von: Eva Plaputta: Finn Flosse räumt das Meer auf. Kunstanstifter, Mannheim 2015.; **93.1** Auf der Grundlage von: Eva Plaputta: Finn Flosse räumt das Meer auf. Kunstanstifter, Mannheim 2015.; **93.2** Auf der Grundlage von Eva Plaputta: Finn Flosse räumt das Meer auf. Kunstanstifter, Mannheim 2015.; **94, 95** Eva Plaputta: Finn Flosse räumt das Meer auf. Kunstanstifter, Mannheim 2015; **96.1** Josef Guggenmos: Rätsel. Aus: ders.: Oh, Verzeihung, sagte die Ameise, Beltz & Gelberg 2008.; **96.2** Frantz Wittkamp: Ich nahm das kleine Buch zur Hand. Aus: Ich glaube, dass du ein Vogel bist. Beltz, Weinheim, Basel 1987.; **98.1** Oliver Jeffers: Der unglaubliche Bücherfresser (Auszug, Textversionen 1 und 2 bearbeitet). Übers. v. Sarah Haag. Friedrich Sarah Haag, Friedrich Oetinger, Hamburg 2007.; **98.2** Oliver Jeffers: Der unglaubliche Bücherfresser (Auszug, Textversionen 1 und 2 bearbeitet). Übers. v. Sarah Haag. Friedrich Oetinger, Hamburg 2007.; **99** Oliver Jeffers: Der unglaubliche Bücherfresser. Übers. v. Sarah Haag. Friedrich Sarah Haag, Friedrich Oetinger, Hamburg 2007.; **100.1** Jeder ist wichtig. Auf der Grundlage von: Praxis Grundschule, Heft5/96; Hansgeorg Meyer: Bücher, Lesen, Bibliotheken. Der Kinderbuchverlag, Berlin 1976.; **100.2** Jeder ist wichtig. Auf der Grundlage von: Praxis Grundschule, Heft5/96; Hansgeorg Meyer: Bücher, Lesen, Bibliotheken. Der Kinderbuchverlag, Berlin 1976.; **101** Jeder ist wichtig. Auf der Grundlage von: Praxis Grundschule, Heft 5/96; Hansgeorg Meyer: Bücher, Lesen, Bibliotheken. Der Kinderbuchverlag, Berlin 1976.; **104.1** Auf der Grundlage von: Marc-Uwe Kling: Der Tag an dem die Oma das Internet kaputt gemacht hat. Carlsen Verlag GmbH, Hamburg 2018.; **105.2** Auf der Grundlage von: Marc-Uwe Kling: Der Tag an dem die Oma das Internet kaputt gemacht hat. Carlsen Verlag GmbH, Hamburg 2018.; **106, 107** Marc-Uwe Kling: Der Tag an dem die Oma das Internet kaputt gemacht hat. Carlsen Verlag GmbH, Hamburg 2018; **108** Jeff Kinney: Gregs Tagebuch 10: So ein Mist!, übers. v. Dietmar Schmidt, Baumhaus Verlag, Köln 2015; **108.1** Jeff Kinney: Gregs Tagebuch 10: So ein Mist!, übers. v. Dietmar Schmidt, Baumhaus Verlag, Köln 2015; **110** Georg Bydlinski: Jahreszeitengedicht. Aus: Das Gnu im linken Fußballschuh. Gedichte für neugierige Kinder. Originalausgabe. Boje Verlag in der Bastei Lübbe AG, Köln 2014. © 2014 bei Bastei Lübbe AG, Köln.; **111.1** Gerald Jatzek: Die Zeit. Aus: Hans-Joachim-Gelberg (Hrsg.): Großer Ozean. Beltz, Weinheim, Basel 2000.; **111.2** Georg Bydlinski: Die Sonne ist ein Lutschbonbon. Aus: Sibylle Sailer (Hrsg.): Sieben kecke Schnirkelschnecken. Lustige Kindergedichte und Reimspaß zum Lachen. Arena Verlag, Würzburg 2010; **112.1** Hans-Wilhelm Smolik: Schniefnase geht schlafen (Textversionen 1 und 2 bearbeitet). Aus: Schniefnase. Aus dem Leben eines Igels. Der Drehbuchverlag, Wien 2010. © Ensslin & Laiblin 1953.; **112.2** Hans-Wilhelm Smolik: Schniefnase geht schlafen (Textversionen 1 und 2 bearbeitet). Aus: Schniefnase. Aus dem Leben eines Igels. Der Drehbuchverlag, Wien 2010. © Ensslin & Laiblin 1953.; **113** Hans-Wilhelm Smolik: Schniefnase geht schlafen (Textversionen 1 und 2 bearbeitet). Aus: Schniefnase. Aus dem Leben eines Igels. Der Drehbuchverlag, Wien 2010. © Ensslin & Laiblin 1953.; **114.1** Ludvik Askenazy: Der lebendige Weihnachtsbaum (Textversionen 1 und 2 bearbeitet). Aus: Der lebendige Weihnachtsbaum. Aufbau Verlag, Berlin 2007.; **114.2** Ludvik Askenazy: Der lebendige Weihnachtsbaum (Textversionen 1 und 2 bearbeitet). Aus: Der lebendige Weihnachtsbaum. Aufbau Verlag, Berlin 2007.; **115** Ludvik Askenazy: Der lebendige Weihnachtsbaum (Textversionen 1 und 2 bearbeitet). Aus: Der lebendige Weihnachtsbaum. Aufbau Verlag, Berlin 2007.; **116.1** Ursel Scheffler: Flunkerfranz (Textversionen 1 und 2 bearbeitet). Aus: Leselöwen-Ostergeschichten. Loewe Verlag, Bindlach 2010.; **116.2** Ursel Scheffler: Flunkerfranz (Textversionen 1 und 2 bearbeitet). Aus: Leselöwen-Ostergeschichten. Loewe Verlag, Bindlach 2010.; **117** Ursel Scheffler: Flunkerfranz (Textversionen 1 und 2 bearbeitet). Aus: Leselöwen-Ostergeschichten. Loewe Verlag, Bindlach 2010.;

Bildquellennachweis

Ablang, Friederike, Berlin, **87.1; 88.1; 88.2; 88.4; 88.5; 88.7; 89.1; 89.2; 89.3; 89.4; 89.6; 89.8; 92.2; 92.3; 104.1; 104.2**; Action Press GmbH, Hamburg (ZUMA PRESS INC.), **24.1; 25.1**; Aus: Gregs Tagebuch 10 – So ein Mist! von Jeff Kinney © 2017 Baumhaus Verlag in der Bastei Lübbe AG, Köln Die englischsprachige Originalausgabe erschien 2016 unter dem Titel „Diary of a Wimpy Kid – Old School" bei Amulet Books, einem Imprint von Harry N. Abrams, Inc., New York © 2016 Jeff Kinney. Wimpy Kid text and illustrations copyright © Wimpy Kid, Inc., **108.1; 108.2; 108.3**; Ballhaus, Verena, München, **42.1; 43.1**; Burghart-Vollhardt, Martina, Kamenz, **70.1**; Fret, Jusche, Leipzig, **7.2; 16.1; 17.1; 17.2; 47.1; 47.2; 56.1; 56.2; 57.7**; Fröhlich, Anke, Leipzig, **111.1**; Getty Images Plus, München (hayatikayhan/iStock), **78.4**; (Martin Keiler), **78.3**; Goedelt, Marion, Berlin, **72.1; 95.1; 106.1; 107.1**; Görtler, Carolin, Berlin, **27.2**; Gregor, Sigrid, Ockfen, **7.1; 20.2; 20.3; 21.2; 36.1; 38.1; 58.1; 74.2; 75.1; 85.1**; Hammerle, Nina, Götzens, **18.1; 44.1; 45.1; 45.2**; Heine, Claudia, Mönchengladbach, **8.2; 9.1; 9.1; 28.1; 62.1; 63.1; 64.1**; Holzmann, Angela, München, **54.1; 55.1; 90.1; 91.1**; Illustration „Künstlerpech" aus: Otfried Preußler, Der Räuber Hotzenplotz 1. Mit Illustrationen von F.J. Tripp © 1962 Thienemann in der Thienemann-Esslinger Verlag GmbH, Stuttgart, **48.1**; imago images, Berlin (imagebroker/Dirscherl), **76.1**; Klett-Archiv, Stuttgart (Bechtold), **10.1; 13.2; 13.3**; Kranenberg, Hendrik, Drolshagen, **32.2; 40.1; 41.1; 41.2; 41.3; 41.4; 67.1; 67.2; 71.1; 71.2; 71.3; 71.4**; laif, Köln (Axelle de Russe/Madame Figaro), **76.2**; Leberer, Sven, Altenberge, **5.2; 5.3; 5.4; 5.5; 6.1; 11.1; 12.1; 14.1; 14.2; 15.1; 19.1; 19.2; 21.1; 23.1; 26.1; 26.2; 29.1; 31.2; 31.3; 31.4; 31.5; 32.1; 33.1; 35.1; 41.5; 44.2; 51.1; 52.6; 53.1; 57.4; 57.5; 57.6; 59.1; 65.1; 66.1; 73.1; 74.1; 74.2; 78.1; 80.1; 82.1; 84.2; 87.3; 92.1; 93.1; 101.5; 105.1; 107.2; 109.1; 109.2; 109.3; 111.3; 112.1; 113.1; 116.1; 117.1**; Müller, Klaus, Berlin, **69.1**; Oertel, Katrin, Münster, **30.1**; Picture-Alliance, Frankfurt (Photoshot), **77.1**; Rauschenbach, Anke, Leipzig, **6.3; 110.2**; Reich, Bettina, Zwenkau/Leipzig, **100.1; 100.2; 100.3; 100.4; 100.5; 101.1; 101.2; 101.3; 101.4; 111.2**; Schumann, Friederike, Berlin, **72.2**; ShutterStock.com RF, New York, NY (Aratehortua), **103.3**; (Gelpi JM), **103.4**; (PremiumVector), **103.2**; stock.adobe.com, Dublin (alex9500), **79.2; 79.3**; (DLeonis), **61.1**; (illustrez-vous), **79.1**; (pholidito), **60.2**; (sanneberg), **103.1**; (Smileus), **78.2**; Thinkstock, München (Andre Grout), **86.1**; (iStock/Achim Prill), **87.2**; Vogel-Jaich, Anja, Berlin, **22.1; 49.1; 52.1; 81.1; 83.1; 96.1; 96.2; 97.1; 97.2; 112.2; 114.1; 114.2**; Woernle, Hela, Hannover, **52.8; 59.2; 84.1; 99.1**